Minna no Nihongo

みんなの日本語

Nível Intermediário II

中級II翻訳・文法解説 ポルトガル語版

Tradução e Notas Gramaticais

スリーエーネットワーク

© 2013 by 3A Corporation

All rights reserved. No part of this publication may be reproduced, stored in a retrieval system, or transmitted in any form or by any means, electronic, mechanical, photocopying, recording, or otherwise, without the prior written permission of the Publisher.

Published by 3A Corporation.
Trusty Kojimachi Bldg., 2F, 4, Kojimachi 3-Chome, Chiyoda-ku, Tokyo 102-0083, Japan

ISBN 978-4-88319-618-0 C0081

First published 2013
Printed in Japan

Prefácio

O livro **Minna no Nihongo Chukyu II** (Japonês para Todos - Nível Intermediário II) foi planejado e editado como um material didático para o estudo da língua japonesa em nível intermediário, em continuidade ao livro **Minna no Nihongo Chukyu I**.

Para o estudante que objetiva seguir ao nível intermediário, o **Chukyu I** dá continuidade aos estudos do nível básico, fornecendo itens de aprendizado de fácil compreensão com tradução em diversos idiomas. Atualmente, ele é utilizado amplamente nas instituições de ensino da língua japonesa no Japão e no exterior, como um material didático destinado aos adultos que desejam aprender a língua, assim como para os estudantes e bolsistas que desejam aperfeiçoar o idioma para seguir os estudos em escolas no Japão.

Recentemente, o número de estrangeiros que passam a residir por longo tempo no Japão está aumentando cada vez mais e, com isso, o intercâmbio internacional está se tornando ativo em vários campos. Além disso, as atividades enraizadas regionalmente estão se diversificando e fazendo parte da vida cotidiana dos cidadãos locais.

Tendo como pano de fundo a diversificação do ambiente dentro do Japão e o aumento da camada de estudantes do idioma japonês, um grande número de pessoas de diversas áreas enviou mensagens à nossa empresa solicitando a publicação do **Chukyu II**, em continuidade ao **Chukyu I**.

O presente livro foi elaborado exatamente para atender a essas fortes solicitações. Para tanto, professores e pesquisadores com vasta experiência na língua japonesa se reuniram e escreveram os textos, testaram-nos nas salas de aula e analisaram-nos por repetidas vezes e, somente então, editaram o material para apresentá-lo ao público.

Em um nível de conhecimento básico do japonês, as pessoas que necessitam se comunicar neste idioma devem ser capazes de transmitir suas ideias e compreender o que os outros dizem. Porém, o nível intermediário é a etapa em que os estudantes não só adquirem capacidade de utilizar a língua japonesa aprendida, como também, passam a entender a cultura e os costumes do Japão. Começam também a captar o espírito japonês e a perceber a alegria de aprender o idioma. Temos certeza de que este livro será de grande utilidade para aqueles que estudam o japonês.

Finalizando, inúmeras pessoas de diversas áreas nos forneceram opiniões e sugestões para a compilação do presente livro, e muitas colaboraram utilizando experimentalmente este material em suas aulas. Gostaríamos de agradecer profundamente a todos.

Nossa empresa planeja continuar a ampliar a rede de conexão entre as pessoas através do desenvolvimento e publicação de materiais didáticos necessários à comunicação entre diferentes culturas. Esperamos poder continuar contando com o valioso apoio e a colaboração de todos.

Março de 2012
Takuji Kobayashi
Presidente, 3A Corporation

Notas Explicativas

I. Composição do Material Didático

O **Minna no Nihongo Chukyu II** é composto pelos livros *Texto Principal* (com CDs) e *Tradução e Notas Gramaticais*. Quanto a *Tradução e Notas Gramaticais* (versões disponíveis em diferentes idiomas), além do inglês, está prevista a publicação gradativa em outras línguas.

O presente material didático destina-se àquele que estuda o idioma japonês na fase final do nível intermediário. Seu objetivo é fazer com que o estudante que concluiu o **Minna no Nihongo Shokyu I** e **II** (nível básico com 300 horas de estudo) e **Minna no Nihongo Chukyu I** (fase inicial do nível intermediário com 150 horas de estudo) adquira capacidade de estudar por si mesmo e proficiência geral na leitura e escrita e conversação e compreensão oral necessárias para se passar do nível intermediário ao nível avançado.

Visando o desenvolvimento de um aprendizado eficiente na fase final do nível intermediário, cada lição do **Chukyu II** é composta de forma diferente da ordem apresentada em **Shokyu I** e **II** e **Chukyu I**, ou seja, a ordem aqui é leitura e escrita, conversação e compreensão oral, gramática e prática e exercícios (revisão).

II. Conteúdo do Material Didático
1. *Texto Principal* (com CDs)
(1) Lições

O conteúdo e a composição de cada lição são divididos conforme indicado abaixo.

1) Leitura e Escrita

Foram preparados Textos de Leitura com temas que despertam interesse e motivação aos estudantes, e com conteúdo adequado ao nível de aprendizado. O estudante deve ler o texto sem se ater aos novos vocábulos que aparecem, avançar na leitura de todo o texto e tentar entender o significado geral do mesmo, tendo como referência os 「読むときのポイント」(Pontos essenciais na hora da leitura). O vocabulário se encontra indicado na seção Vocabulário do livro Tradução e Notas Gramaticais, vendido separadamente, porém, deve-se experimentar a leitura real, tentando fazer analogia do significado da palavra dentro do contexto e confirmar o significado no dicionário.

1. 考えてみよう (Vamos pensar)

   Como preparação antes da leitura, deve-se ativar os conhecimentos sobre o assunto abordado no Texto de Leitura e o cenário do mesmo.

2. 読もう (Vamos ler)

   No início, são indicados os 「読むときのポイント」(Pontos essenciais na hora da leitura). São apresentadas dicas, estratégias e habilidades necessárias para a leitura a fim de entender o conteúdo no seu geral. Objetiva-se adquirir a capacidade de dar prioridade ao fluxo das orações e de entender de forma correta e rápida o significado aproximado do texto.

3. 確かめよう (Vamos confirmar)

O estudante deve conferir se foi possível entender todo o texto em linhas gerais, efetuando concretamente as tarefas dos "Pontos essenciais na hora da leitura" e, também, ver se entendeu o significado das palavras dentro do contexto.

4. 考えよう・話そう (Vamos pensar e conversar)

Aqui, o estudante deve pensar sobre o assunto relacionado com o texto e dar opiniões, ou conversar de forma sintetizada, tendo como base as experiências ou sentimentos.

5. チャレンジしよう (Vamos por à prova)

Nesta parte, o estudante deve trabalhar desenvolvendo o conteúdo do texto, formando orações. Para tanto, são indicados vocábulos adequados aos exercícios, formas de sentenças, quantidade de letras (de aproximadamente 200 a 800 letras), fluxo das sentenças, e outros.

2) Conversação e Compreensão Oral

A Conversação e Compreensão Oral do ***Chukyu II*** é composta de assuntos e funções relacionados com a Leitura e Escrita.

Na primeira metade do livro, ou seja, da lição 13 a 18, aprimora-se a capacidade de conversação, utilizando expressões apropriadas a cada assunto e conteúdo e ao interlocutor, centradas em situações de comunicação e intercâmbio sociais. Nos diálogos, indicam-se simulações de conversas (expressões de simpatia, elogio, modéstia, reconforto, incentivo, e modo de diferenciar os estilos de fala de acordo com a pessoa à qual está dirigindo a palavra, etc.).

Na segunda metade, ou seja, da lição 19 a 24, mostram-se diversas situações de apresentação oral−cumprimentos, entrevista, apresentação (transmissão de informações), discussão, discurso, entrevista para emprego, etc. São apresentados assuntos, informações e materiais, e encontram-se indicados modos de expressão concretos e pontos de referência para a conversação considerando-se os ouvintes.

1. やってみよう (Vamos tentar)

É a introdução à conversação objetivada. O estudante deve tentar conversar usando suas próprias palavras seguindo as perguntas elaboradas para verificar o quanto consegue falar dentro da situação apresentada.

2. 聞いてみよう (Vamos tentar ouvir)

Aqui, deve-se ouvir o conteúdo e as expressões de 会話・発表 (Conversação e Apresentação) no CDs.

3. もう一度聞こう (Vamos ouvir mais uma vez)

Ouvindo o CD, deve-se escrever a palavra no espaço vazio e completar a Conversação e Apresentação.

4. 言ってみよう (Vamos tentar falar)

Vendo a ilustração e tomando cuidado na pronúncia e na entonação, deve-se tentar falar conforme o CDs.

5. 練習しよう (Vamos praticar)

Nesta fase, deve-se praticar a conversação utilizando os vocábulos e as expressões funcionais usados na Conversação e Apresentação, em diferentes cenas e situações.

6. チャレンジしよう (Vamos por à prova)

O estudante deve contar uma história onde são vistas as funções objetivadas nessa lição, dentro da situação atribuída.

3) Gramática e Prática

Em todas as lições, a parte de Gramática e Prática é composta por Leitura e Escrita e Conversação e Compreensão Oral.

1. Cada item gramatical (termo padrão) de Leitura e Escrita e Conversação e Compreensão Oral é apresentado em Itens de Compreensão ou Itens de Criação.
2. Tanto em Itens de Compreensão como em Itens de Criação, serão apresentadas sentenças modelo extraídas do texto de Leitura e Escrita e da Conversação e Compreensão Oral da lição correspondente. A parte dos itens gramaticais é mostrada em negrito.
3. Os Itens de Compreensão apresentam exemplos de orações para impulsionar o entendimento. Confirmar no exercício de duas alternativas (a. ou b.), se houve compreensão apropriada do significado e da função do termo padrão.
4. Nos Itens de Criação, são mostrados exemplos de orações para estimular a compreensão e são apresentados exercícios diversificados para formar sentenças usando termos padrão que podem ser usadas na conversação do dia a dia.

4) Exercícios (Revisão)

Os Exercícios apresentados no final de cada lição são compostos pelas questões de Compreensão Auditiva (indicadas pelo símbolo de CD) e de Compreensão de Leitura. Foram escolhidos situações, conteúdos, obras ou matérias de Conversação e Apresentação, dando relevância, não somente aos termos padrão, vocábulos ou expressões usados na respectiva lição, como também, aos objetivos, assuntos e funções da lição. Os Exercícios não se atêm somente a assuntos já estudados, e sim, visam criar uma rica capacidade linguística, intensificando a compreensão geral da língua japonesa, através da resolução de exercícios.

(2) Escrita e *furigana*

1) Em princípio, os caracteres em *kanji* foram selecionados da lista 常用漢字表 (じょうようかんじひょう) (lista de caracteres chineses (*kanji*) usados comumente) e do seu Anexo.

1. 熟字訓 (じゅくじくん) (Palavras compostas por dois ou mais caracteres que contam com uma leitura específica) que aparecem no Anexo da lista 常用漢字表 (じょうようかんじひょう) estão escritas em *kanji*.

Exemplos: 友達(ともだち) (amigo), 眼鏡(めがね) (óculos), 風邪(かぜ) (resfriado), 一人(ひとり) (sozinho/uma pessoa)

2. Os nomes próprios, ou seja, de pessoas, regiões, etc., e as palavras de campos especializados como artes, cultura, etc., são escritos em caracteres *kanji* (inclusive sua leitura), que podem não constar da lista 常用漢字表(じょうようかんじひょう).

Exemplos: 世阿弥(ぜあみ) (dramaturgo e ator de teatro japonês Nô, da Era Muromachi)
文藝(ぶんげい) (escrita antiga de 文芸, que significa literatura e arte)
如月(きさらぎ) (nome antigo do mês de fevereiro)

2) Há algumas palavras que se encontram na lista 常用漢字表(じょうようかんじひょう) ou no Anexo, mas que são escritas em *hiragana* para facilitar a leitura por parte dos estudantes.

Exemplos: ある（有る、在る）ser, ter, estar
いまさら（今更）agora (depois de tanto tempo)
さまざま（様々）diversos

3) Em princípio, os números são apresentados em algarismos arábicos.

Exemplos: 9時(じ) (9 horas)
10月(がつ)2日(ふつか) (2 de outubro)
90歳(さい) (90 anos)

Porém, nos casos abaixo, foram usados caracteres em *kanji*.

Exemplos: 一日中(いちにちじゅう) (o dia inteiro)
数百(すうひゃく) (centenas)
千両(せんりょう) (1.000 "*ryo*" ("*ryo*"—antiga unidade monetária))

4) Em princípio, não serão colocados *furigana* nos caracteres em *kanji* correspondentes ao nível básico.

1. Excetuam-se os casos de expressões idiomáticas em cuja composição haja *kanji* correspondente ao nível intermediário.
2. O *kanji* correspondente ao nível intermediário terá o *furigana* colocado quando aparece pela primeira vez na página em questão.
3. Quando um *kanji* aparece ao mesmo tempo nos textos (de página dupla) de Leitura e Escrita e Conversação e Compreensão Oral, será colocado *furigana* somente na primeira aparição.

(3) Itens de aprendizado

Cada item gramatical apresentado em Leitura e Escrita e Conversação e Compreensão Oral é apresentado em Itens de Compreensão ou Itens de Criação, dentro do quadro, em tom escurecido.

1) Leitura e Escrita

Encontram-se apresentados o título do Texto de Leitura, objetivos (estratégias), itens gramaticais (77 itens), compostos por ① Itens de Compreensão (34 itens) e ② Itens de Criação (43 itens) de cada lição.

2) Conversação e Compreensão Oral

Encontram-se apresentados o título da Conversação e Apresentação, objetivos (estratégias), itens gramaticais (41 itens), compostos por ① Itens de Compreensão (20 itens) e ② Itens de Criação (21 itens) de cada lição.

Outrossim, na indicação dos itens gramaticais não são usados termos gramaticais e a indicação está sendo feita da seguinte maneira.

Quando a parte de ligação corresponder a um vocábulo como, por exemplo, substantivo, ela será indicada por " ～ ".

Exemplo: ～といった (Lição 14)

Quando a parte de ligação corresponder a uma oração, ela será indicada por "…".

Exemplo: …という (Lição 15)

Contudo, mesmo que a parte de ligação seja uma oração, se a forma da parte final da oração for de formato específico, ou seja, "forma- て ", "forma- た ", "forma de dicionário", "forma- たら ", "forma- ている ", "forma- ば ", etc., a indicação será feita por " ～ ".

Exemplo: ～たところ（Lição 16）

(4) Um Pouco Mais de Gramática

1) Um Pouco Mais de Gramática é um complemento da gramática de nível intermediário aprendida em **Chukyu I** e **Chukyu II**. Seu objetivo é atender às diversas necessidades do estudante, tais como seguir ao nível avançado ou ao nível especializado do estudo do idioma japonês.

2) Os itens gramaticais foram reunidos em 5 tipos, de uma forma geral, conforme o seu significado e função.

   1. Expressões que utilizam uma partícula composta ("termo equivalente à partícula", composto por dois ou mais vocábulos).
   2. Expressões que usam locuções conjuntivas.
   3. Expressões diversas que utilizam sufixos.
   4. Expressões de atitudes subjetivas, sentimentos na hora de indicar uma ideia.
   5. Expressões que indicam em que situação se encontra um movimento ou um fenômeno dentro do transcorrer do tempo.

3) Em cada termo padrão, são apresentados exemplos de orações.

4) Em Tradução e Notas Gramaticais constam o significado do termo padrão, explicação da sua função e a tradução dos exemplos de orações.

(5) Índice de busca geral

1) Vocabulário (aprox. 2.430 vocábulos)
2) Expressões de diálogo (53 expressões)
3) *Kanji* (339 caracteres)

   *Com exceção daqueles caracteres em *kanji* já estudados - correspondentes ao nível básico e ao **Chukyu I** (315 *kanji*) -, dentre os caracteres em *kanji* usados comumente, apresentados no Texto de Leitura de todas as 12 lições.

4) Itens gramaticais (Itens gramaticais de aprendizado de **Chukyu I**, Gramática e Prática e Um Pouco Mais de Gramática) (356 termos padrão)

(6) Respostas

　　1) Respostas

　　　　1. Leitura e Escrita, Conversação e Compreensão Oral e Gramática e Prática
　　　　2. Exercícios (Incluem-se os textos de exercícios de compreensão auditiva.)
　　　　　 (Dependendo do exercício, existem várias respostas de acordo com o ambiente de vida do estudante. Aqui, mostra-se um exemplo de resposta.)
　　2) Texto de conversação de Conversação e Compreensão Oral
　　3) Textos de exercícios de compreensão auditiva no final de cada lição
　　4) Conteúdo dos CDs

(7) CDs

　　Nos CDs, encontram-se gravados os Textos de Leitura de Leitura e Escrita, Conversação e Apresentação de Conversação e Compreensão Oral e parte da compreensão auditiva de Exercícios. Assim como em **Chukyu I**, deve-se utilizar os CDs para entender as ricas expressões em japonês e aumentar a capacidade de utilização do idioma.

2. *Tradução e Notas Gramaticais*

O Prefácio, Notas Explicativas, Aos Estudantes e Personagens, que estão incluídos na parte inicial do livro, assim como Vocabulário, Notas Gramaticais, Itens de Aprendizado e Um Pouco Mais de Gramática, que formam cada lição, estão traduzidos em diversos idiomas.

(1) Vocabulário e Suas Traduções

　　Em cada lição, são mostrados novos vocábulos, expressões de conversação e nomes próprios, na ordem de aparição.

(2) Notas Gramaticais

　　O significado e as funções dos Itens de Compreensão e Itens de Criação que aparecem no texto são explicados em cada língua. Principalmente quanto aos Itens de Criação, são explicados claramente seus significados e funções, permitindo que o estudante utilize, na prática, os termos padrão nas conversações ou em forma escrita.

(3) Um Pouco Mais de Gramática

　　A Um Pouco Mais de Gramática é um item complementar da gramática do nível intermediário estudada em **Chukyu I** e **Chukyu II**. Os termos padrão são tratados da mesma forma que na Gramática e Prática de cada lição e as explicações dos seus significados e funções, assim como os exemplos de orações.

Aos Estudantes

Nesta seção, explicamos os pontos principais para se poder efetuar um estudo eficiente do idioma japonês através do livro **Minna no Nihongo Chukyu II - Texto Principal** (com CDs) e do livro **Minna no Nihongo Chukyu II - Tradução e Notas Gramaticais** (versões disponíveis em diferentes idiomas), este último, vendido à parte.

I. *Minna no Nihongo Chukyu II - Texto Principal* (com CDs)

1. Leitura e Escrita (Textos de Leitura)

Os textos são compostos de temas que despertam o interesse e a motivação dos estudantes, elaborados de forma adequada para aqueles que seguem o estudo em nível intermediário mais avançado. Aqui, o estudante aprende a ler os textos, discutir com os colegas o que leu, assim como a fazer redações levando em conta a estrutura geral do texto. No início de cada lição, encontram-se mencionados os objetivos da referida lição e as dicas para uma melhor leitura e interpretação do texto.

1. 考えてみよう (Vamos pensar): Antes de ler o texto, vamos pensar e discutir sobre o assunto relacionado ao mesmo.
2. 読もう (Vamos ler): Vamos ler o texto, tendo como referência as orientações dos 「読むときのポイント」 (Pontos essenciais na hora da leitura). Vamos pensar no significado das palavras que aparecem no texto, fazer deduções analógicas e, depois, confirmar o significado em *Traduções e Notas Gramaticais* ou nos dicionários.
3. 確かめよう (Vamos confirmar): Vamos verificar o quanto foi possível entender o texto. É permitido consultar o texto quantas vezes se desejar.
4. 考えよう・話そう (Vamos pensar e conversar): Vamos pensar sobre o assunto relacionado ao conteúdo do texto, conversar sobre o mesmo com os colegas e fazer uma apresentação.
5. チャレンジしよう (Vamos por à prova): Tendo como referência o assunto desenvolvido através do conteúdo do texto, vamos fazer sentenças dentro das condições indicadas.

2. Conversação e Compreensão Oral (Conversação e Apresentação)

O assunto da Conversação e Apresentação está relacionado com o tema do Texto de Leitura da respectiva lição. No início de cada lição, encontram-se citados os objetivos e as funções da Conversação e Apresentação.

Na parte inicial do livro, ou seja, da Lição 13 à Lição 18, aprende-se como tornar a comunicação harmoniosa através da criação de um bom relacionamento humano. Na parte final, ou seja, da Lição 19 à Lição 24, aprende-se a aperfeiçoar a capacidade de expressão pessoal através da simulação de cenas vistas em entrevistas, apresentações, discussões, discursos e entrevistas para admissão em emprego.

1. やってみよう (Vamos tentar): Antes de aprender a lição, vamos tentar conversar conforme o papel combinado antecipadamente, para ver o quanto é possível se manter uma conversação.

2. 聞いてみよう (Vamos tentar ouvir): Após confirmar os personagens que aparecem nos textos e os Pontos essenciais na hora da audição, vamos tentar ouvir e entender o conteúdo e as expressões através do CD.

3. もう一度聞こう(Vamos ouvir mais uma vez): Vamos ouvir novamente e escrever as palavras-chave e as expressões das conversações nos espaços em branco.

4. 言ってみよう(Vamos tentar falar): Vamos reproduzir a conversação vendo a ilustração. Vamos tentar repetir as falas gravadas no CD, tomando cuidado na pronúncia e na entonação.

5. 練習しよう(Vamos praticar): Vamos praticar a conversação de acordo com as cenas e as funções atribuídas, utilizando as expressões da conversação da lição correspondente.

6. チャレンジしよう(Vamos por à prova): É um treinamento expansivo. Vamos tentar conversar livremente ou fazer apresentações utilizando a estrutura e as condições estabelecidas em Conversação e Apresentação aprendidas na respectiva lição.

3. Gramática e Prática

As sentenças modelo citadas em Gramática e Prática são orações retiradas do texto de Leitura e Escrita e Conversação e Compreensão Oral e a parte do termo padrão é mostrada em negrito. Em cada lição, os termos padrão de Leitura e Escrita e Conversação e Compreensão Oral são apresentados na ordem de Itens de Compreensão e Itens de Criação.

Em Itens de Compreensão, os exemplos de orações devem ser lidos para se conhecer o significado e as funções dos termos padrão. Em seguida, deve-se escolher a resposta correta entre a. e b., e verificar se os referidos exemplos de orações foram compreendidos.

Em Itens de Criação, deve-se conhecer o significado e as funções através dos exemplos de orações, e efetuar a prática, através da conversação e escrita.

4. Exercícios (Revisão)

Vamos verificar se os objetivos de Leitura e Escrita e de Conversação e Compreensão Oral foram atingidos e, também, se foram entendidos os significados e as aplicações dos itens gramaticais e do novo vocabulário.

1. Compreensão Oral

    Vamos ouvir Conversação e Apresentação (no CD) referente ao assunto e as funções da respectiva lição e confirmar se foi possível compreender o conteúdo e as expressões usadas.

2. Compreensão na Leitura

    Vamos ler as sentenças relacionadas ao assunto e às funções da respectiva lição e confirmar se compreendeu as palavras, frases e expressões, assim como o conteúdo do texto.

Os Exercícios contam com matérias de jornais e crônicas reais e contêm vocábulos e expressões usados em um nível superior ao do estudo de nível intermediário. Vamos testar a capacidade utilizando o conhecimento linguístico acumulado e as estratégias aprendidas até agora. As respostas encontram-se no suplemento à parte.

5. Um Pouco Mais de Gramática

É um complemento dos itens gramaticais aprendidos em **Chukyu I** e **Chukyu II**. Aquele que objetiva o nível avançado ou nível especializado deve tentar esse desafio.

6. CDs (◁») : Símbolo de CD)

As partes com símbolo de CD significam que elas estão gravadas nos CDs.

1. 「読む・書く」(Leitura e Escrita)「読もう」(Vamos ler)

    Vamos ouvir, prestando atenção nas partes das sentenças que devem ser realçadas ou que não devem ser enfatizadas, assim como no ritmo e variações dos tons de leitura.

2. 「話す・聞く」(Conversação e Compreensão Oral)「聞いてみよう」(Vamos tentar ouvir)「もう一度聞こう」(Vamos ouvir mais uma vez)

    Considerando-se situações reais, as cenas contam com efeitos sonoros e ruídos existentes à volta e realces nas vozes de acordo com a distância das pessoas. Tente ouvir as gravações imaginando a situação.

3. 「問題」(Exercícios)

    Vamos ouvir o diálogo do CD I. Compreensão Auditiva. Vamos responder seguindo as orientações fonadas.

II. *Tradução e Notas Gramaticais*

Estão traduzidos o Prefácio, Notas Explicativas, Aos Estudantes, Personagens, Termos Utilizados no Aprendizado e Abreviaturas dos Termos Gramaticais. Quanto aos personagens, alguns aparecem desde **Minna no Nihongo Chukyu I**. Outros aparecem pela primeira vez em **Chukyu II**. Inclua-os no seu rol de novos amigos.

1. Vocabulários e traduções

As novas palavras, as expressões de conversação e os nomes próprios são apresentados na ordem de surgimento em cada lição.

2. Notas Gramaticais

São explicados os significados e as funções dos termos padrão apresentados em Gramática e Prática de cada lição. Principalmente quanto aos Itens de Criação, são fornecidas explicações detalhadas para que o estudante possa utilizar adequadamente os referidos termos na conversação ou na escrita.

3. Um Pouco Mais de Gramática

Um Pouco Mais de Gramática é um complemento dos itens gramaticais aprendidos em **Chukyu I** e **II**. As notas gramaticais e os exemplos de oração são traduzidos para diversas línguas.

Este material foi elaborado dando-se prioridade à autonomia do estudante no aprendizado do idioma japonês. Sua composição visa fazer com que o estudante se torne capaz de se expressar em japonês em um nível intermediário, ou seja, saber falar e escrever resumindo um texto lido ou escrever um texto para falar, com base no que aprendeu desde o curso básico até a fase inicial do nível intermediário. Esperamos que este livro seja de grande utilidade ao aprendizado do japonês na fase final do nível intermediário, e que sirva de trampolim para seguir à próxima etapa.

Termos Utilizados no Aprendizado

		課			課
あらたまった形	versão formal	14		cotidiano	
あらたまった表現	expressão formal	16	継続	continuação	14
言い換え	falando em outras palavras	14	形容詞文	sentença (predicado) adjetiva (o)	14
意志	intenção	17	原因	causa	16
意志動詞	verbo volitivo	22	限定	restringindo	*
解釈	interpretação	14	語幹	raiz	15
書き言葉	linguagem escrita	15	固有名詞	nome próprio	18
格助詞	partícula indicadora de caso	18	誘いかけ	convite	*
			叱る	repreender	17
確信	convicção	*	時間名詞	substantivo de tempo	19
確認	confirmação	*			
硬い文体	texto formal	22	指示	instrução	*
感覚	sensação	14	事実	fato/realidade	17
感情	emoção	*	修飾する	modificar	14
聞き手	ouvinte	13	終助詞	partícula de final de oração	20
帰結	resultado/consequência	13			
			主語	sujeito	22
希望	esperança	17	手段	método	17
義務	obrigação	17	出現	aparência	14
疑問詞	termo interrogativo	*	述語	predicado	14
逆接	conjunção adversativa	*	順接	relação de conjunção consecutiva	*
共感	resposta com simpatia	13	状況	circunstância	17
			条件	condição	*
空間名詞	substantivo de espaço	19	上昇イントネーション	entonação ascendent	17
くだけた話し言葉	linguagem informal	13	状態	situação	14
くだけた表現	expressão usada no	18	状態動詞	verbo de estado	13

		課			課
助詞相当の語句	termo equivalente a partícula	*	反復	repetição	14
請求	requerimento	16	非意志動詞	verbo não volitivo	22
接続語	locução conjuntiva	*	比較	comparação	18
接尾語	sufixo	*	必要	necessidade	19
説明	explicação	14	否定形	forma negativa	18
先行文	oração antecedente	15	人を表す名詞	substantivo que indica uma pessoa	21
選択	selecionando	*	非難	crítica	17
対比する	fazendo comparações	*	比喩的	por metáfora	13
断定	afirmação definitiva	*	複合助詞	partícula composta	*
中止形	forma descontínua	22	普通形	forma simples	13
付け加える	acrescentando algo	*	部分的否定	negando em parte	*
提案	sugestão	*	古い表現	expressão arcaica	21
定義	definição	14	文末	término da oração	13
丁寧形	forma polida	17	文脈	contexto	14
丁寧な話し言葉	linguagem polida	14	補足	complementando	*
出来事を表す名詞	substantivo que expressa um acontecimento	16	補足説明	explicação adicional	13
			名詞文	sentença (predicado) nominal	14
て形	forma- て	22	命令	ordem	17
転換	convertendo	*	要求	exigência	16
伝聞	rumores	15	様相	aspectos	*
動作動詞	verbo de ação	13	様態	modos	*
動作を表す名詞	substantivo que indica ação	19	要望	pedido	16
			理由	motivo	17
認識	entendimento/ reconhecimento	14	例示する	indicando exemplos	*
			連体修飾	modificar uma palavra inflexível	15
話し言葉	linguagem falada	17			
話し手	falante	13			
反事実	fato contrário	16	* indica termos que aparecem na Parte 3 "Um Pouco Mais de Gramática".		
判断	julgamento/avaliação	14			

Abreviaturas dos Termos Gramaticais

S	Substantivo（名詞）
A	Adjetivo（形容詞）
A い	Adjetivo い（い形容詞）
A な	Adjetivo な（な形容詞）
V	Verbo（動詞）
V forma- ます	Forma verbal ます（動詞ます形）
V forma-dic	Forma verbal de dicionário（動詞辞書形）
V forma- ない	Forma verbal ない（動詞ない形）
V forma- た	Forma verbal た（動詞た形）
V forma- て	Forma verbal て（動詞て形）

Personagens

マイク・ミラー／ Mike Miller

Americano,
funcionário da IMC

中村 秋子／ Nakamura Akiko

Japonesa,
chefe da seção de vendas da IMC

イルワン／ Ilwan

Turco,
chefe do escritório da Osman Carpets

山田 一郎／ Yamada Ichiro

Japonês,
funcionário da IMC (Osaka)

太郎／ Taro

Japonês, estudante de escola primária
filho de Tomoko e Ichiro Yamada

山田 友子／ Yamada Tomoko

Japonesa,
bancária

ジョン・ワット／ John Watt

Inglês,
professor da Universidade Sakura

木村 いずみ／ Kimura Izumi

Japonesa,
locutora, esposa de John Watt

カリナ／ Karina

Indonésia,
estudante da Universidade Fuji

イー・ジンジュ／ Lee Jin Ju

Coreana,
pesquisadora do AKC

ジャン/ Jean
Francês,
estudante da Universidade Sakura

小川/ Ogawa
Japonês,
estudante da Universidade Sakura

山口/ Yamaguchi
Japonesa,
estudante da Universidade Sakura

張/ Cho
Chinesa,
estudante da Universidade Sakura

森/ Mori
Japonês,
professor da Universidade Sakura

ジョゼ・サントス/ José Santos
Brasileiro,
funcionário da Brazil Air

マリア・サントス/ Maria Santos
Brasileira,
esposa de José Santos

池田/ Ikeda
Japonês,
funcionário da Brazil Air

優太/ Yuta
Japonês,
filho de Miranda e Ikeda

ミランダ/ Miranda
Mexicana,
esposa de Ikeda

*IMC (empresa de software de computador)
*AKC (instituto de pesquisas da Ásia)

Conteúdo

Prefácio

Notas Explicativas

Aos Estudantes

Termos Utilizados no Aprendizado

Abreviaturas dos Termos Gramaticais

Personagens

Parte 1   Novo Vocabulário

Lição 13 2

Lição 14 10

Lição 15 18

Lição 16 25

Lição 17 33

Lição 18 40

Lição 19 45

Lição 20 52

Lição 21 60

Lição 22 67

Lição 23 76

Lição 24 83

Um Pouco Mais de Gramática 90

Parte 2　Notas Gramaticais

Lição 13 ··· 96

読む・書く

1. 〜たて
2. たとえ〜ても
3. 〜たりしない
4. 〜ほど

話す・聞く

5. …んだって？
6. 〜ながら
7. つまり、…という／ってことだ
8. …よね。

Lição 14 ··· 101

読む・書く

1. 〜際(さい)
2. 〜といった
3. 〜に（も）わたって
4. 〜うちに
5. 〜にとって
6. 〜とは
7. 〜において
8. …わけだ
9. …のではないだろうか

話す・聞く

10. …っけ？
11. 〜げ

Lição 15 ··· 107

読む・書く

1. …という
2. 〜たびに
3. 〜に関(かん)する
4. …わけではない

5．…のではないか

6．…のだ

話す・聞く

7．…ほどのものじゃない

8．〜だけでなく

9．〜といえば

Lição 16 ··· 113

読む・書く

1．〜に応じる・〜に応じて

2．〜によって

3．〜とみられる

4．…としている

5．〜にもかかわらず

6．…とともに

7．〜たところ

話す・聞く

8．あんまり…から

9．…ところだった

10．〜に限って

Lição 17 ··· 118

読む・書く

1．〜からなる

2．〜としては

3．〜上

4．〜により

5．〜ことから

6．〜ざるを得ない

話す・聞く

7．〜てはじめて

8．〜ったら

9．〜にしては

10．…からには

11．〜でしょ。

Lição 18 123

読む・書く

1．…に違_{ちが}いない
2．〜に比_{くら}べて
3．…ものだ・ものではない

話す・聞く

4．〜た
5．だって、…もの
6．〜たところで
7．〜だって
8．〜こそ

Lição 19 128

読む・書く

1．〜を対象_{たいしょう}に
2．〜ばかりでなく
3．〜にほかならない
4．〜を通して
5．〜から〜にかけて
6．〜はともかく
7．〜ためには

話す・聞く

8．決_{けっ}して〜ない

Lição 20 132

読む・書く

1．〜のもとで
2．そう
3．…ぞ。
4．…と同時に
5．〜しかない
6．〜の末_{すえ}
7．〜て以来
8．…くらい

話す・聞く

9．～をこめて

10．～ば～だけ

11．～たとたん（に）

12．～からといって

Lição 21

読む・書く

1．～もせずに

2．～といえども

3．よほど～でも

4．いかに～か

5．…とか。

6．～に言わせれば

話す・聞く

7．～に基づいて

8．～と言える

9．一方（で）

10．～に限らず

Lição 22

読む・書く

1．～次第だ

2．～をもって…とする

3．～においては

4．～うる

5．…のであろう

6．～と思われる

話す・聞く

7．～としても

8．～（よ）うにも…ない

9．～わりに

10．～べきだ

11．～というより

Lição 23 147

読む・書く

1．～に及ぶ
2．…可能性がある
3．この～
4．～上で
5．～につれて

話す・聞く

6．～ことに
7．～恐れのある／がある
8．～までもない
9．～がきっかけで・～をきっかけに
10．～をはじめ

Lição 24 152

読む・書く

1．～ざる～
2．～から～に至るまで
3．～きる
4．～ならぬ～
5．～さえ～ば
6．～として～ない
7．～以上（は）
8．～ないかぎり
9．～わけにはいかない／ゆかない
10．～あまり（に）

Itens de Aprendizado 156

Parte 3   Um Pouco Mais de Gramática ... 163

Parte 1
Novo Vocabulário

Lição 13

読む・書く

株式会社	かぶしきがいしゃ	sociedade anônima
随筆	ずいひつ	ensaio
経過[する]	けいか[する]	passar (tempo)
変化[する]	へんか[する]	mudar, alterar
心情	しんじょう	sentimento
勘違い[する]	かんちがい[する]	entender de forma errada
日常[的]	にちじょう[てき]	rotina, diariamente
社交	しゃこう	interação social
雑談[する]	ざつだん[する]	bater papo, conversar informalmente
入園料	にゅうえんりょう	bilhete de entrada de um parque
大人	おとな	adulto
小人	しょうにん	criança
そのうち		em breve, como decorrer do tempo
注目[する]	ちゅうもく[する]	dar atenção
語	ご	palavra
思考[する]	しこう[する]	pensar
問い	とい	pergunta
全文	ぜんぶん	texto inteiro
のみこむ		entender
佃煮	つくだに	carnes, pescados ou verduras cozidas de forma concentrada com molho de soja e açúcar
以後	いご	de agora em diante
以降	いこう	desde, a partir de
以来	いらい	desde então (até agora), a partir de então (até agora)
一体	いったい	afinal (o que, como, por que, quem ...?)
四字熟語	よじじゅくご	palavra composta por 4 *kanji* (caracteres chineses)
熟語	じゅくご	palavra composta, ideograma composto
適度[な]	てきど[な]	conveniente

いや		não
いな		não (usado em linguagem escrita)
適切[な]	てきせつ[な]	adequado
一進一退	いっしんいったい	continuamente em avanço e em retrocesso
試行錯誤	しこうさくご	tentativa e erro
月日	つきひ	tempo
要する	ようする	necessitar
ただ		porém
浮かぶ	うかぶ	vir à mente
月極／月決め	つきぎめ	mensalmente
来日[する]	らいにち[する]	vir ao Japão
詰める	つめる	rechear, colocar
街	まち	ruas, distrito
看板	かんばん	placa de indicação
解読[する]	かいどく[する]	decifrar
出くわす	でくわす	encontrar-se com, deparar-se com
パーキング		estacionamento
頭[〜に付く]	あたま[〜につく]	[vir no] início
和英辞典	わえいじてん	dicionário japonês-inglês
辞典	じてん	dicionário
ひょっとして		por acaso
オーナー		proprietário
苗字	みょうじ	sobrenome
あるいは		ou
ムーン		lua
エンド		final
ネーミング		denominação
なんとなく		sem um motivo em particular
頭に入れる	あたまにいれる	memorizar
見慣れる	みなれる	estar acostumado a ver
範囲	はんい	faixa, âmbito
広がる	ひろがる	expandir-se
横断[する]	おうだん[する]	atravessar
どうやら		aparentemente

市場［駐車場～］	しじょう［ちゅうしゃじょう～］	mercado [de estacionamento]
独占［する］	どくせん［する］	monopolizar
一部上場	いちぶじょうじょう	ações listadas na 1ª Seção da Bolsa de Valores
上場［する］	じょうじょう［する］	ter ações cotadas na bolsa
思い込む	おもいこむ	acreditar, estar convencido
突っ走る	つっぱしる	correr a toda a velocidade
在日	ざいにち	residente no Japão
とりあえず		antes de mais nada
観光物産館	かんこうぶっさんかん	pavilhão de exibição de promoção turística e produtos locais
観光	かんこう	turismo
目に入る	めにはいる	notar
国語辞典	こくごじてん	dicionário do idioma japonês
忍ばせる	しのばせる	esconder, ocultar
～ごと［月～］	［つき～］	-mente [mensalmente]
契約［する］	けいやく［する］	firmar contrato
定義［する］	ていぎ［する］	definir
慣用	かんよう	uso
一瞬	いっしゅん	um instante
パッと		subitamente
たとえ		mesmo que
読み違える	よみちがえる	ler erroneamente
日々	ひび	diariamente
書き入れる	かきいれる	preencher, escrever nas margens
かまわない		não importar
書き留める	かきとめる	anotar
五月蝿い	うるさい	barulhento
時雨	しぐれ	chuvisco intermitente (que cai entre o fim de outono e o início de inverno)
向日葵	ひまわり	girassol
流れ［文章の～］	ながれ［ぶんしょうの～］	desenvolvimento, decorrer [de um texto]

話す・聞く

ことわざ		provérbio
取り違える	とりちがえる	interpretar de forma errada
情けは人のためならず	なさけはひとのためならず	"Quem faz o bem, em casa o tem".
お好み焼き	おこのみやき	tipo de panqueca à moda japonesa com carnes ou frutos do mar e verduras
話題	わだい	assunto, tópico de conversação
戻す	もどす	voltar, retornar
思い違い	おもいちがい	equívoco, engano
自分自身	じぶんじしん	por si mesmo
わいわい		animadamente
ホームパーティ		festa (na casa de alguém)
ぴったり		perfeito, justo
どうにか		de uma forma ou de outra
直訳［する］	ちょくやく［する］	traduzir literalmente
災い	わざわい	desgraça, males
遠ざける	とおざける	afastar, manter algo à distância
門	かど	casa, família (lit.: esquina)
福	ふく	boa sorte, felicidade
結構［～多い］	けっこう［～おおい］	consideravelmente [grande, alto]
辛党	からとう	bebedor, aquele que prefere bebidas alcoólicas a doces
甘党	あまとう	apreciador de coisas doces
知ったかぶり	しったかぶり	pedante, sabe-tudo
一時	いっとき	um momento
恥	はじ	vergonha
関連［する］	かんれん［する］	relacionar-se
広げる［話を～］	ひろげる［はなしを～］	expandir, ampliar [um assunto]
ベストセラー		best-seller, muito vendido
コンパ		festinha, reunião informal
共感［する］	きょうかん［する］	ter simpatia, concordar
逆さま［な］	さかさま［な］	ao contrário, de pernas para o ar
言い換える	いいかえる	falar em outras palavras

13

知り合い	しりあい	conhecido
石の上にも三年	いしのうえにもさんねん	"Quem espera, sempre alcança". (lit.: Persistir sentado sobre uma pedra por três anos.)
住めば都	すめばみやこ	"Para o passarinho, não há como seu ninho". (lit.: Qualquer lugar em que você viva será a capital (o lugar mais conveniente).)
都	みやこ	capital
住み慣れる	すみなれる	acostumar-se a morar em um local
猿も木から落ちる	さるもきからおちる	"Até os sábios se enganam". (lit.: Até mesmo os macacos caem dos galhos.)
木登り	きのぼり	subida em árvores
〜など		〜 , etc.

文法・練習

しぼる		espremer, tirar (leite)
入社[する]	にゅうしゃ[する]	entrar numa firma, empregar-se
口に出す	くちにだす	dizer, emitir, declarar
我慢[する]	がまん[する]	aguentar, suportar
我慢強い	がまんづよい	paciente, capaz de aguentar
掃除機	そうじき	aspirador de pó
ため息	ためいき	suspiro
あふれる		transbordar
たまる[ごみが〜]		acumular [lixo]
受験生	じゅけんせい	examinando, vestibulando
都心	としん	centro da cidade
双子	ふたご	gêmeos
世界的[な]	せかいてき[な]	mundial
スター		astro, estrela
シーズン		estação, temporada
約〜	やく〜	aproximadamente, cerca de 〜
割	わり	porcentagem
休暇	きゅうか	feriado, férias
いとこ		primo
同士[いとこ〜]	どうし	ser [primos] um do outro
ルーズ[な]		folgado, relaxado, irresponsável

売上げ	うりあげ	vendas, valor das vendas
落ちる[売上げが〜]	おちる[うりあげが〜]	cair [as vendas]
工学部	こうがくぶ	Departamento de Engenharia
入り直す	はいりなおす	reentrar
関係[音楽〜]	かんけい[おんがく〜]	relacionado a [música]
ポテトチップス		batatas fritas
インスタント食品	インスタントしょくひん	alimento de preparação instantânea
インスタント		instantâneo
食品	しょくひん	produto alimentício
あきる		enjoar

問題

高みの見物	たかみのけんぶつ	assistir de braços cruzados
気が置けない	きがおけない	de confiança, acessível
大家	おおや	senhorio
言い訳[する]	いいわけ[する]	dar desculpas, argumentar
手土産	てみやげ	presente [dado por um visitante]
あったま、きちゃったな。		irritar-se, zangar-se (expressão informal)
〜奴[いい〜]	〜やつ	cara, sujeito [legal, bom]
気にかける	きにかける	preocupar-se, ter em mente
気を使う	きをつかう	dar consideração, estar atento, cuidar
信用[する]	しんよう[する]	confiar, ter confiança
付き合う	つきあう	relacionar-se, acompanhar
数えきれない	かぞえきれない	incontável
シミュレーション		simulação
発言[する]	はつげん[する]	declarar, fazer uma declaração
目にする	めにする	ver
指摘[する]	してき[する]	indicar, apontar
傷つく	きずつく	ofender-se, ficar magoado
不〜[〜愉快]	ふ〜[〜ゆかい]	não/des- [desprazer]
ふり		fingimento
〜心[親切〜]	〜しん[しんせつ〜]	sentimento [gentil]
〜性[人間〜]	〜せい[にんげん〜]	-idade [humanidade]

目下	めした	posição inferior, pessoa mais jovem
なおさら		ainda mais
外部	がいぶ	de fora, externo
クレーム		reclamação
何気ない	なにげない	casual
受け止める	うけとめる	aceitar, tomar
案ずるより産むがやすし	あんずるよりうむがやすし	"É melhor fazer algo do que ficar preocupado com isso".
反応[する]	はんのう[する]	reagir
伝わる	つたわる	propagar-se, transmitir-se
実行[する]	じっこう[する]	executar
かかる[費用が〜]	[ひようが〜]	ter, acarretar [custos]

| 〜で思い出したんだけど、……。 | Falando em 〜 , ... |
| ところで、〜ことだけど、…んだって？ | A propósito, falando sobre 〜 , parece que ...., não é? |

Para expandir a conversa.

| 確かに…ことってよくあるよね。 | Realmente, é bastante comum .... |

Para demonstrar simpatia em relação à ideia da outra parte.

| つまり、…ってことです。 | Em suma / Ou seja, trata-se de .... |

Para falar em outras palavras.

....

池袋 (いけぶくろ) Ikebukuro: Zona no bairro de Toshima, em Tóquio. Um dos maiores centros urbanos de Tóquio, é, também, a estação terminal de trens da Japan Railways, de companhias privadas e de metrô.

練馬 (ねりま) Nerima: Um dos 23 bairros de Tóquio, localizado na parte noroeste da área que abrange os bairros.

上野 (うえの) Ueno: Centro de negócios, comércio e entretenimento na parte oeste do bairro de Taito, em Tóquio.

月島 (つきしま) Tsukishima: Área aterrada na Baía de Tóquio, com terra e areia dragada da baía, pertencente ao bairro de Chuo.

<ruby>青森<rt>あおもり</rt></ruby>	Aomori: Província localizada no extremo norte de Honshu, a ilha principal do Japão, na parte norte da região de Tohoku.
アーサー・ビナード	Arthur Binard: Americano, escritor e poeta que escreve *haiku* e ensaios. Atua no Japão. 1967-
<ruby>大分県<rt>おおいたけん</rt></ruby>	Oita: Província situada no nordeste de Kyushu.

Lição 14

読む・書く

テレビアニメ		animês de TV
受ける[アニメが〜]	うける	[animês] agradar
解説文	かいせつぶん	comentário
解説[する]	かいせつ[する]	explicar, comentar
物事	ものごと	coisas, assuntos, acontecimentos
謎	なぞ	mistério
美女	びじょ	mulher bela
旅	たび	viagem
ストーリーテリング		narração de histórias
促す	うながす	estimular
感想	かんそう	impressão
アニメーション		desenhos animados, animês
放映[する]	ほうえい[する]	transmitir
シリーズ		seriado
代[1960年〜]	だい[1960ねん〜]	década [de 1960]
番組	ばんぐみ	programa
編成[する]	へんせい[する]	produzir
〜際	〜さい	quando, ao 〜
穴埋め	あなうめ	cobrir a falta
年月	ねんげつ	tempo
経る	へる	passar
存在[する]	そんざい[する]	existir
無視[する]	むし[する]	ignorar
語る	かたる	contar
作品	さくひん	obra
原作	げんさく	obra original
支える	ささえる	apoiar
マンガ家	マンガか	desenhista de histórias em quadrinhos
層	そう	classe, camada

厚さ	あつさ	espessura, grande camada
発売[する]	はつばい[する]	pôr à venda
週刊誌	しゅうかんし	revista semanal
月刊誌	げっかんし	revista mensal
〜誌	〜し	revista de 〜
種類	しゅるい	tipo
単行本	たんこうぼん	um livro, volume independente
新作	しんさく	nova obra
〜部[数千万〜]	〜ぶ[すうせんまん〜]	[várias dezenas de milhões de] cópias
ヒット作品	ヒットさくひん	obra de sucesso de vendas
ヒット[する]		ser um sucesso de vendas
エンターテイメント		entretenimento
プロ		profissional
〜ごとく		exatamente igual a 〜
巨大	きょだい	enorme, gigante
競争原理	きょうそうげんり	princípio de competição
原理	げんり	princípio
水準	すいじゅん	nível
生み出す	うみだす	produzir, criar
〜のみ		somente, apenas
〜さ[おもしろ〜]		sufixo para substantivar adjetivos [graça, interesse]
保証[する]	ほしょう[する]	garantir
過剰[な]	かじょう[な]	exagerado
ピッチャー		lançador (de beisebol)
シーン		cena
秒	びょう	segundo
満つ	みつ	atingir, completar
動作	どうさ	movimento
主人公	しゅじんこう	herói, personagem principal
光景	こうけい	cena, vista
描く	えがく	desenhar, descrever
毎回	まいかい	toda vez, cada vez
直前	ちょくぜん	imediatamente antes

起こる	おこる	ocorrer, acontecer
次週	じしゅう	semana seguinte
期待[する]	きたい[する]	ter esperanças
テクニック		técnica
手法	しゅほう	método
作り上げる	つくりあげる	construir, concretizar
ノウハウ		know-how
夢中	むちゅう	entusiamo (por algo), paixão (por algo)
蓄積[する]	ちくせき[する]	acumular
亜流	ありゅう	imitação pobre
トップブランド		grife de alta classe
別冊	べっさつ	volume separado
激しい	はげしい	feroz, acirrado
大げさ[な]	おおげさ[な]	exagerado
〜程度	〜ていど	aproximadamente
取り上げる	とりあげる	tratar de
状況	じょうきょう	situação
具体例	ぐたいれい	exemplo concreto

話す・聞く

昔話	むかしばなし	história antiga
話し手	はなして	falante
あいづち		resposta
打つ[あいづちを〜]	うつ	concordar abanando a cabeça
銀河	ぎんが	galáxia
鉄道	てつどう	ferrovia
触れる[手に〜]	ふれる[てに〜]	tocar [na mão]
永遠	えいえん	eternidade
ストーリー		história
一言	ひとこと	uma palavra
結末	けつまつ	conclusão, fim
コーヒーショップ		cafeteria
ショップ		loja
映像	えいぞう	imagem

神秘的[な]	しんぴてき[な]	misterioso, místico
はまる[アニメに〜]		ficar aficionado [em animês]
宇宙列車	うちゅうれっしゃ	trem espacial
列車	れっしゃ	trem
宇宙船	うちゅうせん	nave espacial
機械化	きかいか	mecanização
〜化	〜か	-zação
取り残す	とりのこす	deixar pra trás
生身	なまみ	de carne e osso
彼ら	かれら	eles
差別[する]	さべつ[する]	discriminar
狩猟	しゅりょう	caça
犠牲	ぎせい	vítima
遺言	ゆいごん	testamento
出遭う / 出会う	であう	encontrar-se com, deparar-se com
土星	どせい	Saturno
食堂車	しょくどうしゃ	vagão-restaurante
血	ち	sangue
通う[血が〜]	かよう[ちが〜]	[o sangue] circular
幻覚	げんかく	alucinação
襲う	おそう	atormentar
身	み	corpo, a própria (pessoa)
投げ出す[身を〜]	なげだす[みを〜]	sacrificar [a si mesmo]
粉々	こなごな	pedaços, partes
ガラス球	がらすだま	conta de vidro
球	たま	conta
散る	ちる	espalhar-se, dispersar-se
美形	びけい	belo
鉱山	こうざん	mina
閉じ込める	とじこめる	prender
知恵	ちえ	inteligência
出しあう	だしあう	cooperar-se contribuindo com algo
〜後[何日〜]	〜ご[なんにち〜]	[〜 dias] depois
ジャングル		floresta, mato

14

兵士	へいし	soldado
枠組み	わくぐみ	estrutura
あらすじ		resumo, linhas gerais
場面	ばめん	cena

文法・練習

外出[する]	がいしゅつ[する]	sair
PC	ピーシー	computador pessoal
チェックイン[する]		fazer check-in
使用[する]	しよう[する]	usar
ちまき		bolinho de arroz envolto em folha de bambu e cozido a vapor
かしわもち		doce de arroz envolto em folha de carvalho
受賞者	じゅしょうしゃ	ganhador do prêmio
出身者	しゅっしんしゃ	graduado na universidade
砂漠	さばく	deserto
パンダ		panda
交換[する]	こうかん[する]	trocar
冷める	さめる	esfriar
まずい		não saboroso, de sabor ruim
溶ける	とける	derreter
睡眠	すいみん	sono, o dormir
欠く	かく	faltar
ただの		meramente, apenas
ギョーザ		bolinho recheado com carne de porco moída
おふくろ		minha mãe
重要[な]	じゅうよう[な]	importante
両方	りょうほう	ambos
立場	たちば	posição, situação
建設[する]	けんせつ[する]	construir
議論[する]	ぎろん[する]	discutir
ゆれる		tremer
被害	ひがい	dano
関係者	かんけいしゃ	parte relacionada, parte interessada

負けるが勝ち	まけるがかち	"Perder é vencer".
得[な]	とく[な]	vantajoso
外食[する]	がいしょく[する]	comer fora
ちらし寿司	ちらしずし	arroz temperado com vinagre açucarado coberto com sashimi e outros ingredientes
ダイレクトメール		mala direta
宣伝[する]	せんでん[する]	fazer propaganda
郵送[する]	ゆうそう[する]	enviar pelo correio
夕刊	ゆうかん	jornal vespertino
発行[する]	はっこう[する]	publicar
早起きは三文の得	はやおきはさんもんのとく	"Deus ajuda a quem cedo madruga".
早起き	はやおき	o despertar cedo
自然エネルギー	しぜんエネルギー	energia natural
地域社会	ちいきしゃかい	comunidade local
分析[する]	ぶんせき[する]	analisar
部署	ぶしょ	cargo, departamento
活動[する]	かつどう[する]	realizar atividades
ボランティア活動	ボランティアかつどう	atividades de voluntário
改善[する]	かいぜん[する]	melhorar
対策	たいさく	contramedida, medida
ヨガ		ioga
ジャズダンス		dança jazz
マッサージ		massagem
スポーツジム		academia de esportes
～余り[260年～]	～あまり[260ねん～]	mais de [260 anos]
ＮＧＯ	エヌジーオー	ONG (órgão não governamental)
グローバル[な]		global
夏日	なつび	dia de verão (oficial) (um dia no qual a temperatura é de 25ºC ou mais)
回復[する]	かいふく[する]	recuperar-se
住民	じゅうみん	residente
インストール[する]		instalar
生産	せいさん	produção
野球大会	やきゅうたいかい	torneio de beisebol
悔しい	くやしい	sentir cólera, sentir-se humilhado/decepcionado/ inconformado

14

後ろ姿	うしろすがた	aparência vista por trás

問題

女優	じょゆう	atriz
演劇	えんげき	teatro, arte dramática
部（演劇〜）	ぶ（えんげき〜）	grupo/departamento (de teatro)
成長[する]	せいちょう[する]	desenvolver
役	やく	papel
最中	さいちゅう	no meio de
非常ベル	ひじょうベル	alarme de emergência
実は	じつは	na verdade, realmente
活気	かっき	ânimo
風景	ふうけい	paisagem
生き生き[する]	いきいき[する]	ser animado, ter vigor
実写[する]	じっしゃ[する]	filmar a vida real
通り過ぎる	とおりすぎる	passar por
カップラーメン		cup noddle (talharim em copo)
温泉旅館	おんせんりょかん	hospedaria de estilo japonês em estação de águas termais
旅館	りょかん	hospedaria de estilo japonês
オリジナリティー		originalidade
キャラクター		personagem

主人公（しゅじんこう）は〜と（って）いう〜。	O personagem principal é 〜 que se chama 〜.
〜っていう話。	É uma história que se trata de 〜.

Para concluir um assunto pegando os pontos centrais da narração.

…という（って）話、知ってる？	Ouviu a história de que ....?
で、どうなったの？　結局（けっきょく）。	E então, como ficou, no final?

Para estimular a outra parte a continuar falando.

....

『ドラゴンボール』　　*Dragon Ball*: Mangá e filme animado japonês. Sucesso de venda de longa data no Japão e no exterior.

ディズニー	Filmes da Disney: Filmes produzidos pela companhia americana criada por Walt Disney.
『銀河鉄道９９９』	*Galaxy Express 999*: Mangá japonês de ficção científica, animê de televisão e de cinema.
星野鉄郎	Hoshino Tetsuro: Herói de *Galaxy Express 999*.
クレア	Claire: Personagem feminino de *Galaxy Express 999*.
アンドロメダ	A Galáxia Andrômeda
光源氏	Hikaru Genji: Herói de *Genji Monogatari (Contos de Genji)*.
『ワンピース(ONE PIECE)』	*One Piece*: Mangá e animê japoneses para meninos sobre aventuras no mar. Traduzido e transmitido no mundo todo.
チリ	Chile
『浦島太郎』	*Urashima Taro*: Lenda folclórica japonesa.
ルーマニア	Romênia
東ヨーロッパ	Leste Europeu
湯川英樹	*Yukawa Hideki*: Físico teórico. Primeiro japonês a ganhar o Prêmio Nobel em Física em 1949. 1907-1981
利根川進	Tonegawa Susumu: Biólogo. Laureado com o Prêmio Nobel em Fisiologia e Medicina em 1987. 1939-
京都大学	Universidade de Kyoto
『奇跡の人』	*O Milagre de Anne Sullivan*: Drama que descreve as vidas de Helen Keller (que era deficiente visual, auditiva e oral) e de sua educadora, Anne Sullivan.
『ガラスの仮面』	*Glass Mask (Máscara de Vidro)*: Mangá japonês para meninas.
ヘレン・ケラー	Helen Keller: Pedagoga e ativista de bem-estar social. 1880-1968
宮崎駿	Miyazaki Hayao: Autor de animês, diretor de filme e artista de mangá. 1941-
『ルパン三世 カリオストロの城』	*Lupin III, o Castelo de Cagliostro*: Uma das séries de filmes animados de Lupin III.
『崖の上のポニョ』	*Ponyo-uma amizade que veio do mar*: Filme de desenho animado produzido pelo Estúdio Ghibli (Miyazaki Hayao).
『魔女の宅急便』	*Serviço de Entregas de Kiki*: Filme de desenho animado produzido pelo Estúdio Ghibli (Miyazaki Hayao).
『千と千尋の神隠し』	*A Viagem de Chihiro*: Filme de desenho animado produzido pelo Estúdio Ghibli (Miyazaki Hayao).

Lição 15

読む・書く

説明文	せつめいぶん	texto explicativo
右に出る	みぎにでる	melhor
切り上げる	きりあげる	cortar no meio, encurtar
謙遜[する]	けんそん[する]	expressar modéstia
そこで		aí, então
行列	ぎょうれつ	fila
横目	よこめ	olhar de lado, ver de esguelha
動き回る	うごきまわる	mover-se por todas as partes
一見	いっけん	à primeira vista
行き来[する]	ゆきき[する]	ir e vir
担ぐ	かつぐ	carregar
割合	わりあい	proporção, porcentagem
構成[する]	こうせい[する]	compor, constituir
新た[な]	あらた[な]	novo
組織[する]	そしき[する]	organizar
集団	しゅうだん	grupo
経つ[時間が〜]	たつ[じかんが〜]	[o tempo] passar
比率	ひりつ	taxa
分担[する]	ぶんたん[する]	dividir
さすがに		mesmo assim, já se esperava
能率	のうりつ	eficiência
落ちる[能率が〜]	おちる[のうりつが〜]	cair [a eficiência]
登場[する]	とうじょう[する]	aparecer
ご存じ	ごぞんじ	saber (forma polida de "shitteiru")
人材	じんざい	pessoal
スタート[する]		iniciar
特命	とくめい	missão especial
プロジェクト		projeto
スタープレイヤー		jogador estrela

プレイヤー		jogador
チーム		time
からめる		envolver-se, ter relação
法則	ほうそく	regra
当たる[法則が～]	あたる[ほうそくが～]	[a regra] ser correta
脇役	わきやく	papel secundário
脚本	きゃくほん	roteiro
偉大	いだい	o grande
脈拍	みゃくはく	pulso, pulsação
上がる[脈拍が～]	あがる[みゃくはくが～]	subir [a pulsação]
アドレナリン		adrenalina
徐々に	じょじょに	gradualmente
疲弊[する]	ひへい[する]	tornar-se exausto
理想的[な]	りそうてき[な]	ideal
現象	げんしょう	fenômeno
参考資料	さんこうしりょう	materiais de referência

話す・聞く

プライベート[な]		privado
示す[興味を～]	しめす[きょうみを～]	mostrar [interesse]
老舗	しにせ	loja de tradição
優れる	すぐれる	ser excelente
営業マン	えいぎょうマン	vendedor
太鼓	たいこ	tambor (japonês)
腕[太鼓の～]	うで[たいこの～]	habilidade [em tocar tambor]
地元	じもと	localidade
取引先	とりひきさき	cliente
絨毯	じゅうたん	tapete
出張所	しゅっちょうじょ	sucursal
所長	しょちょう	chefe do escritório
社名	しゃめい	nome da companhia
名	な	nome
織物	おりもの	tecido
モダン[な]		moderno
市場開拓	しじょうかいたく	desenvolvimento de um novo mercado

開拓［する］	かいたく［する］	desenvolver, abrir
きっての		o melhor
何しろ	なにしろ	de qualquer maneira
知識	ちしき	conhecimento
成果	せいか	resultado
あげる［成果を～］	［せいかを～］	atingir [o resultado]
実	み	fruto
結ぶ［実を～］	むすぶ［みを～］	dar [frutos]
魅する	みする	ficar fascinado
磨く［腕を～］	みがく［うでを～］	polir [a habilidade]
～好き［太鼓～］	～ずき［たいこ～］	apreciador, amante de [tambor]
得意	とくい	forte em
顔負け	かおまけ	o deixar envergonhado/admirado
リズム		ritmo
～感［リズム～］	～かん	senso de [ritmo]
甘える［お言葉に～］	あまえる［おことばに～］	abusar de, aceitar [a sua bondade]
メンバー		membro
リーダー		líder
踊り	おどり	dança
ブレイクダンス		breakdance
才能	さいのう	talento
シェフ		chef, cozinheiro
好意	こうい	gentileza
ホームカミングデイ		dia de recepção dos graduados da universidade (organizada pela própria universidade)
代々	だいだい	gerações
実行委員	じっこういいん	membro do comitê executivo
進行［する］	しんこう［する］	operar, conduzir
部下	ぶか	subordinado
後輩	こうはい	colega/membro mais novo

文法・練習

LED 電球	エルイーディーでんきゅう	lâmpada LED
電球	でんきゅう	lâmpada

寿命	じゅみょう	vida
用いる	もちいる	usar
お嬢さん	おじょうさん	menina, senhorita (forma polida para dizer "menina")
転職[する]	てんしょく[する]	mudar de companhia
環境問題	かんきょうもんだい	questões ambientais
経営[する]	けいえい[する]	administrar, gerenciar
すべて		tudo, todo
各国	かっこく	vários países, cada país
地球温暖化	ちきゅうおんだんか	aquecimento global
温暖化	おんだんか	aquecimento
家族関係	かぞくかんけい	relação familiar
論文	ろんぶん	tese
題名	だいめい	título
ベジタリアン		vegetariano
選挙[する]	せんきょ[する]	eleger
出る[選挙に〜]	でる[せんきょに〜]	candidatar-se [na eleição]
混乱[する]	こんらん[する]	confundir-se, estar em confusão
調整[する]	ちょうせい[する]	ajustar
当番	とうばん	serviço em turno
交代[する]	こうたい[する]	substituir, tomar o lugar de, trocar de turno
ピアニスト		pianista
楽器	がっき	instrumento musical
一家[音楽〜]	いっか[おんがく〜]	família de [músicos]
秘密	ひみつ	segredo
帰国生徒	きこくせいと	estudante que retornou ao Japão após ter vivido no exterior
器用[な]	きよう[な]	habilidoso
かく[汗を〜]	[あせを〜]	transpirar
注文[する]	ちゅうもん[する]	encomendar
マナー		modos
国民栄誉賞	こくみんえいよしょう	Prêmio de Honra ao Cidadão
栄誉	えいよ	honra
信頼[する]	しんらい[する]	confiar

思い浮かべる	おもいうかべる	recordar-se, trazer à lembrança
中年	ちゅうねん	pessoa de meia-idade
提供[する]	ていきょう[する]	fornecer
展開[する]	てんかい[する]	desenvolver
走り回る	はしりまわる	correr por todas as partes

問題

こうして		desta forma
あっという間	あっというま	em um instante
支社	ししゃ	filial
しみじみ		profundamente, bem
でかい		grande
つながり[人と人との〜]	[ひととひととの〜]	conexões [entre as pessoas]
金儲け	かねもうけ	o ato de ganhar dinheiro
緊急	きんきゅう	urgência
共生[する]	きょうせい[する]	coexistir
耳にする	みみにする	ouvir
共に	ともに	junto
利益	りえき	lucro
分かち合う	わかちあう	repartir, dividir
ヤドカリ		caranguejo-eremita
イソギンチャク		anemôna-do-mar
用語	ようご	termo
社会科学	しゃかいかがく	ciências sociais
分野	ぶんや	campo, área
込める[意味を〜]	こめる[いみを〜]	incluir [um significado]
乗り越える	のりこえる	transpor
怠け者	なまけもの	preguiçoso
真面目[な]	まじめ[な]	sério
ナマケモノ		bicho-preguiça
ぶら下がる	ぶらさがる	pendurar-se
移動[する]	いどう[する]	mover-se (de um lugar para outro)
エネルギー		energia
ちょうど		exatamente, justamente

賢い	かしこい	inteligente

〜さんの右に出る人はいない。	Não existe melhor pessoa que o Sr. 〜 .
そんな大(たい)したものじゃありません。	Não é tanto assim.

> Para expressar modéstia ao ser elogiado.

いえ、それほどでも。	Não tanto.

> Para expressar modéstia ao ser elogiado com a nuance de que "não sou tão 〜 como você diz".

ただ、自分で言うのもなんですが、……。	Bem, modéstia à parte, ...

> Quando vai começar a ostentar seus próprios méritos.

お言葉(ことば)に甘(あま)えて、……。	Abusando da sua bondade, ...

> Quando vai aceitar um favor.

「水戸黄門(みとこうもん)」	*Mito Komon*: Estória sobre Tokugawa Mitsukuni (também chamado Mito Mitsukuni), ex-lorde de Mito, que descreve sua viagem pelo Japão restaurando a paz e a ordem.
助(すけ)さん、角(かく)さん	Suke-san e Kaku-san: Serviçais (samurai) que acompanham Mito Mitsukuni nas suas viagens.
うっかり八兵衛(はちべえ)	Ukkari Hachibe: Personagem coadjuvante que aparece nas histórias de *Mito Komon*.
『ハリー・ポッター』	*Harry Potter*: Série de histórias de fantasia para crianças escrita pela autora britânica J.K. Rowling. As histórias foram também transformadas em filmes.
ロン	Ron (Ronald Weasley): Grande amigo de Harry.
ハーマイオニー	Hermione Granger: Grande amiga de Harry.
ネビル・ロングボトム	Neville Longbottom: Companheiro de quarto de Harry e Ron.
トルコ	Turquia
イスタンブール	Istambul
新潟(にいがた)	Niigata: Província ao noroeste da parte central de Honshu, a ilha principal do Japão, que se defronta com o Mar do Japão.
佐渡(さど)	Ilha de Sado: Ilha da província de Niigata.

鬼太鼓（おんでこ）	Ondeko: Um tipo de performance de tambor e dança historicamente executada na Ilha de Sado. Dedicada aos festivais xintoístas que oram pela expulsão de maus espíritos, prosperidade nos negócios e colheita abundante.
佐渡（さど）おけさ	Sado Okesa: Canção folclórica da Ilha de Sado.
マイケル・ジャクソン	Michael Jackson: Cantor pop americano. 1958-2009
欧米（おうべい）	Europa e Estados Unidos ("o Ocidente")
徳島（とくしま）	Tokushima: Província localizada na parte leste de Shikoku.
阿波踊（あわおど）り	Awa Odori: Tipo de "dança de bon" (dança tradicional) de Tokushima.
サンバ	Samba: Gênero de dança e música do Brasil.

Lição 16

読む・書く

個人情報	こじんじょうほう	informação pessoal
流出[する]	りゅうしゅつ[する]	vazar
新聞記事	しんぶんきじ	artigo de jornal
社会面	しゃかいめん	página de notícias em geral
概要	がいよう	descrição geral, resumo
すばやい		rápido
事実[～関係]	じじつ[～かんけい]	[situação] real, verdadeira
不幸[な]	ふこう[な]	infeliz
幸い	さいわい	felicidade, boa sorte
苦い[～体験]	にがい[～たいけん]	[experiência] amarga
慰める	なぐさめる	consolar
～づける[元気～]	[げんき～]	dar [ânimo]
カード[会員～]	[かいいん～]	cartão de [sócio, membro]
漏れる	もれる	vazar
通信[する]	つうしん[する]	comunicar
販売[する]	はんばい[する]	vender
同社	どうしゃ	a dita companhia
加入[する]	かにゅう[する]	inscrever-se, registrar-se
可能性	かのうせい	possibilidade
実態	じったい	estado real
氏名	しめい	nome
預金[～口座]	よきん[～こうざ]	dinheiro em depósito [conta bancária]
口座	こうざ	conta bancária
職業	しょくぎょう	profissão, emprego
生年月日	せいねんがっぴ	data de nascimento
項目	こうもく	item
及ぶ	およぶ	estender, atingir, incluir
上旬	じょうじゅん	início do mês
覚え[身に～がない]	おぼえ[みに～がない]	[não ter na] memória

未払い[金]	みはらい[きん]	[valor] não pago
請求書	せいきゅうしょ	fatura
請求[する]	せいきゅう[する]	faturar
判明[する]	はんめい[する]	tornar aparente
同様[な]	どうよう[な]	similar
〜件	〜けん	(sufixo para contar número de casos)
寄せる	よせる	enviar, comunicar
既に	すでに	já
応じる	おうじる	responder, atender
支払い	しはらい	pagamento
情報管理	じょうほうかんり	gerenciamento de dados
管理[する]	かんり[する]	gerenciar
事態	じたい	situação
遺憾	いかん	lamentável
コンピューターシステム		sistema de computador
システム		sistema
トラブル		problema, falha
内部	ないぶ	interno
ないし		ou
引き出す	ひきだす	retirar
面[システム〜]	めん	lado [do sistema]
進める[調査を〜]	すすめる[ちょうさを〜]	prosseguir [com a investigação]
求める	もとめる	pedir, requerer
おわび		desculpa
書面	しょめん	carta
更新[する]	こうしん[する]	renovar
早急[な]	さっきゅう[な]	urgente
講ずる	こうずる	empregar
被害者	ひがいしゃ	vítima
有料[〜サイト]	ゆうりょう	[website] pago
サイト		site, website
受け取る	うけとる	receber
請求金額	せいきゅうきんがく	valor da fatura
指定[する]	してい[する]	designar

振り込む	ふりこむ	transferir, depositar
だます		enganar
不審[に]	ふしん[に]	duvidoso, suspeito
懸命[な]	けんめい[な]	assíduo, esforçado
何者	なにもの	alguém
犯行	はんこう	crime
知人	ちじん	pessoa conhecida
日付	ひづけ	data
タウンニュース		jornal da comunidade local
要素	ようそ	elemento
原稿	げんこう	manuscrito, texto
見出し	みだし	título, manchete

話す・聞く

滑らす	すべらす	escorregar
捻挫[する]	ねんざ[する]	torcer
後悔[する]	こうかい[する]	arrepender-se
落ち込む	おちこむ	sentir-se deprimido
転倒[する]	てんとう[する]	cair, tombar
言い表す	いいあらわす	expressar
ハンドル		volante, guidão
切り損ねる	きりそこねる	não conseguir mudar de direção corretamente, falhar na mudança de direção
ひっくり返る	ひっくりかえる	cair, tombar
人身事故	じんしんじこ	acidente que resulta em ferimento ou morte
起こす[事故を〜]	おこす[じこを〜]	provocar [um acidente]
危うく	あやうく	por pouco, por um triz
左折[する]	させつ[する]	dobrar à esquerda
飛び出す	とびだす	atirar-se, projetar-se
切る[ハンドルを〜]	きる	mudar a direção [do volante/guidão]
スリップ[する]		escorregar, deslizar
ひざ		joelho
ライト		farol
カバー		cobertura

はねる[人を〜]	[ひとを〜]	atropelar [uma pessoa]
頭[が]痛い	あたま[が]いたい	preocupado, angustiado
くよくよ[する]		estar preocupado, estar aflito
おごる		pagar (uma refeição, uma bebida, etc.)
締切[日]	しめきり[び]	[data do] último prazo
よそ見	よそみ	desviando a vista, olhando para outro lado
右手	みぎて	mão direita
離す[目を〜]	はなす[めを〜]	tirar [os olhos de]
誤る	あやまる	errar, enganar-se
入力[する]	にゅうりょく[する]	fazer input, introduzir dados
プリントアウト[する]		imprimir
俺	おれ	eu (expressão usada por homens no cotidiano)
バカ		estúpido, idiota
やり直し	やりなおし	refazimento
油	あぶら	óleo
ひっくり返す	ひっくりかえす	dar uma reviravolta
マット		tapete, tapetinho
べとべと		pegajoso
つく[火が〜]	[ひが〜]	pegar [fogo]
見方	みかた	ponto de vista
骨折[する]	こっせつ[する]	fraturar
うまくいく		ir bem
まいる		ficar arrasado, sentir-se derrotado
まいったなあ		Estou arrasado.
ひどい		terrível

文法・練習

開発[する]	かいはつ[する]	desenvolver
要求[する]	ようきゅう[する]	exigir, requerer
改める	あらためる	mudar, renovar
従う	したがう	obedecer, cumprir
急激[な]	きゅうげき[な]	repentino, rápido
ATM	エーティーエム	caixa eletrônico
とどまる		restringir-se

少子高齢化	しょうしこうれいか	queda da taxa de natalidade e aumento da população idosa
高齢化	こうれいか	envelhecimento
活力	かつりょく	vitalidade
業界	ぎょうかい	indústria
需要	じゅよう	demanda
新人	しんじん	novo membro, novo jogador
メジャーリーグ		Major League Baseball
挑戦[する]	ちょうせん[する]	tentar
消費税	しょうひぜい	taxa de consumo
少子化	しょうしか	queda da taxa de natalidade
備える	そなえる	preparar-se
カリキュラム		currículo
見直す	みなおす	revisar
年末	ねんまつ	fim do ano
時期	じき	período, época
予測[する]	よそく[する]	prever
避難[する]	ひなん[する]	refugiar-se
予算	よさん	orçamento
突然	とつぜん	subitamente, repentinamente
訪問[する]	ほうもん[する]	visitar
歓迎[する]	かんげい[する]	recepcionar
決勝戦	けっしょうせん	final
〜戦	〜せん	rodada 〜
出場[する]	しゅつじょう[する]	jogar/participar (na partida)
上達[する]	じょうたつ[する]	melhorar
高齢	こうれい	idade avançada
当然	とうぜん	naturalmente
気配	けはい	sinal
長期	ちょうき	longo prazo
追う	おう	perseguir
住人	じゅうにん	residente
呼びかける	よびかける	chamar
立ち上げる	たちあげる	lançar, estabelecer

16

高速道路	こうそくどうろ	via expressa
無料化	むりょうか	tornando gratuito, tornando livre de taxas
引き下げる	ひきさげる	baixar, reduzir
オリンピック		Jogos Olímpicos
出場権	しゅつじょうけん	direito de competir
～権	～けん	direito, de ～
手にする	てにする	ganhar, obter
身分証明書	みぶんしょうめいしょ	documentos de identidade
身分	みぶん	estado, condição
証明書	しょうめいしょ	documentos
不要[な]	ふよう[な]	desnecessário
問い合わせる	といあわせる	perguntar
ネット		Internet
満席	まんせき	lotado
提出[する]	ていしゅつ[する]	apresentar, submeter
電気料金	でんきりょうきん	contas de luz
～料金	～りょうきん	contas de ～
思わず	おもわず	instintivamente
燃え移る	もえうつる	pegar fogo em
左手	ひだりて	mão esquerda
すとんと～		como uma pedra
必死[に]	ひっし[に]	desesperadamente
ひっぱり上げる	ひっぱりあげる	puxar para cima
無事	ぶじ	seguramente
引き上げる	ひきあげる	puxar para cima
きょとんと～		sem entender
たった		mero
占い	うらない	leitura de sorte

問題

リストラ[する]		reestruturar, demitir
契約社員	けいやくしゃいん	empregado por contrato
安定[する]	あんてい[する]	ser estável
まさか		nunca

気分転換	きぶんてんかん	refrescando a cabeça, distraindo
チャンス		chance
ウェブサイト		website
不正使用	ふせいしよう	uso impróprio
被害額	ひがいがく	valor do prejuízo
額[被害～]	がく[ひがい～]	valor [do prejuízo]
当たり[一人～]	あたり[ひとり～]	por [pessoa]
金銭	きんせん	dinheiro
失う	うしなう	perder
在住[する]	ざいじゅう[する]	viver, morar
フリーメール		e-mail gratuito
不明	ふめい	desconhecido
送信[する]	そうしん[する]	enviar
創作[する]	そうさく[する]	criar (uma obra original)
築く	きずく	construir, formar
強盗	ごうとう	assaltante
出国[する]	しゅっこく[する]	deixar o país
宛[友人～]	あて[ゆうじん～]	para/destinado a [um amigo]
帳[アドレス～]	ちょう	caderno de [endereços]
売買[する]	ばいばい[する]	comprar e vender
大量	たいりょう	massa
捕まる	つかまる	ser capturado

あーあ。～ばよかった。	Ai, ai! Devia ter ～ .
	Para falar expressando arrependimento.
泣きたい気分だよ。	Estou com vontade de chorar.
	Para transmitir o sentimento de enfado/desânimo.
くよくよしないで。	Não fique desanimado.
	Quando vai consolar.
…だけでもよかったじゃない。不幸中の幸いだよ。	Ainda bem que foi só ...., não é? Dos males, o menor.
	Para consolar citando uma coisa boa entre vários fatos infelizes.

…たと思えば～じゃないですか。	Se pensar que foi ...., é ～ , não é?

> Para consolar citando que mudando o ângulo de visão, uma má situação pode ser vista de um modo favorável.

ものは考えようですよ。	Tudo depende do modo de pensar, não é?

> Para dirigir palavras de consolo.

東南(とうなん)アジア	Sudeste Asiático
メジャーリーグ	Major League Baseball: Liga de beisebol profissional da América do Norte, composta de times dos Estados Unidos e do Canadá.
東京(とうきょう)スカイツリー	Tokyo Skytree: Torre de transmissão de radio e televisão localizada no bairro de Sumida, em Tóquio, cuja operação foi iniciada em 2012, no lugar da Torre de Tóquio. Com 634 m de altura, é a mais alta torre do gênero no mundo.
ダイアン吉日(きちじつ)	Diane Kichijitsu: Britânica, artista de rakubo.
マドリード	Madri

Lição 17

読む・書く

暦	こよみ	calendário
お兄ちゃん	おにいちゃん	"bem crescidinho"
呼称	こしょう	denominação
スタイル		estilo
太陽暦	たいようれき	calendário solar
太陰暦	たいいんれき	calendário lunar
太陰太陽暦	たいいんたいようれき	calendário lunissolar
まつわる		sobre
本来	ほんらい	originalmente
タコ		polvo
八角形	はっかっけい	octógono
不備	ふび	deficiência
補う	おぎなう	complementar, compensar
呼び名	よびな	denominação
ずれる		dessincronizar
改暦[する]	かいれき[する]	reformar o calendário
新暦	しんれき	calendário moderno
旧暦	きゅうれき	calendário antigo
別	べつ	à parte de
睦月	むつき	janeiro, de acordo com o calendário lunar
如月	きさらぎ	fevereiro, de acordo com o calendário lunar
弥生	やよい	março, de acordo com o calendário lunar
木の葉	このは	folha de árvore
転じる	てんじる	mudar
葉月	はづき	agosto, de acordo com o calendário lunar
長月	ながつき	setembro, de acordo com o calendário lunar
名づける	なづける	chamar
立春	りっしゅん	começo da primavera
初旬	しょじゅん	início do mês

生じる	しょうじる	originar-se, surgir
長年	ながねん	muitos anos
慣れ親しむ	なれしたしむ	familiarizar-se, estar acostumado a
切り替える	きりかえる	trocar
体制	たいせい	sistema
人心	じんしん	pensamento das pessoas
一新[する]	いっしん[する]	renovar completamente
閏年	うるうどし	ano bissexto
抱える[問題を～]	かかえる[もんだいを～]	ter [um problema]
会計	かいけい	contabilidade
年度	ねんど	ano fiscal
西洋	せいよう	Ocidente
ならう		adotar
一定	いってい	fixo
諸～[～外国]	しょ～[～がいこく]	vários [países estrangeiros]
実施[する]	じっし[する]	colocar em prática
唐突[な]	とうとつ[な]	repentino, súbito
戸惑う	とまどう	tornar-se confuso
真の	しんの	real
ねらい		alvo, objetivo
当時	とうじ	na época
支出[する]	ししゅつ[する]	gastar, ter despesas
占める	しめる	encerrar, perfazer
人件費	じんけんひ	custos de pessoal
費[人件～]	ひ[じんけん～]	custos de [pessoal]
不足[する]	ふそく[する]	faltar
新制度	しんせいど	novo sistema
導入[する]	どうにゅう[する]	introduzir
役人	やくにん	funcionário público
補充[する]	ほじゅう[する]	recrutar
財政難	ざいせいなん	má situação financeira
財政	ざいせい	finança
難[財政～]	なん[ざいせい～]	má situação [financeira]
新政権	しんせいけん	novo regime

政権	せいけん	regime
翌日	よくじつ	dia seguinte
決断[する]	けつだん[する]	decidir
翌年	よくねん	ano seguinte
計〜	けい〜	total
回避[する]	かいひ[する]	evitar
もくろむ		planejar
作成[する]	さくせい[する]	preparar
報告[する]	ほうこく[する]	informar, relatar

話す・聞く

歓談[する]	かんだん[する]	conversar agradavelmente
節分	せつぶん	o dia antes do início da primavera
行事	ぎょうじ	evento
リビングルーム		sala de estar
ご無沙汰[する]	ごぶさた[する]	estar fora de contato por longo tempo
お久しぶり	おひさしぶり	não se encontrar por longo tempo
口に合う	くちにあう	agradar ao paladar
邪魔[する]	じゃま[する]	incomodar
おかまい		hospitalidade
おいで		venha
早いもんだよ。	はやいもんだよ。	"O tempo passa rápido". (expressão coloquial de admiração)
お面	おめん	máscara
まく[豆を〜]	[まめを〜]	espalhar [feijões]
追い払う	おいはらう	expulsar
今どき	いまどき	nos dias de hoje
よっぽど／よほど		ainda mais
四季	しき	as quatro estações do ano
折々[四季〜]	おりおり[しき〜]	cada (lit.: de tempos em tempos) [em cada uma das quatro estações]
おじさん(子どもに向かっての)	(こどもにむかっての)	Eu (lit.: "Tio", referindo-se a si mesmo para as crianças.)
ユース		time juvenil

抜く［人を〜］	ぬく［ひとを〜］	superar [uma pessoa]
展示品	てんじひん	peça de exposição
親子	おやこ	pais e filhos
かける［声を〜］	［こえを〜］	falar com, dirigir a palavra
水族館	すいぞくかん	aquário
〜連れ	〜づれ	acompanhado por 〜
母親	ははおや	mãe
リレー		revezamento
ひな祭り	ひなまつり	Festival das Meninas
ひな人形	ひなにんぎょう	bonecos de enfeite do Festival das Meninas
身近	みぢか	próximo

文法・練習

都道府県	とどうふけん	províncias
著者	ちょしゃ	autor
クッキー		biscoito
恋愛［する］	れんあい［する］	apaixonar-se
冒険	ぼうけん	aventura
好む	このむ	gostar, apreciar
地方	ちほう	região, distrito
特産品	とくさんひん	especialidade
玉ねぎ	たまねぎ	cebola
じゃがいも		batata
盛ん［な］	さかん［な］	com abundância
移す	うつす	mover, transferir
コスト		custo
出口調査	でぐちちょうさ	pesquisa de boca de urna
生活習慣病	せいかつしゅうかんびょう	doenças relacionadas com o estilo de vida
おぼれる		afogar-se
複数	ふくすう	diversos
足跡	あしあと	pegada
頂上	ちょうじょう	topo, cume
吹雪	ふぶき	nevasca, tempestade de neve
遭う［吹雪に〜］	あう［ふぶきに〜］	deparar-se com [uma tempestade de neve]

引き返す	ひきかえす	voltar do meio do caminho, retroceder, retornar
予想［する］	よそう［する］	prever
はるかに		muito
イベント		evento
納得［する］	なっとく［する］	conformar-se
方針	ほうしん	política
新入生	しんにゅうせい	novo aluno
持つ［子どもを〜］	もつ［こどもを〜］	ter [um filho]
ありがたい		gratificante
稼ぐ	かせぐ	ganhar (dinheiro)
あきれる		ficar pasmado
素人	しろうと	amador
相当［な］	そうとう［な］	considerável, muito
独学［する］	どくがく［する］	estudar por si mesmo/por sua própria conta
基準	きじゅん	norma, padrão
照らす	てらす	comparar
新入社員	しんにゅうしゃいん	novo empregado
応対［する］	おうたい［する］	atender
学位	がくい	grau, título
負けず嫌い	まけずぎらい	aquele que detesta perder
しっかり		sério, maduro
バイオリン		violino
着替える	きがえる	trocar-se, mudar de roupa

問題

しゃくりあげる		soluçar convulsivamente
甘えん坊	あまえんぼう	criança mimada
鉦	かね	sino
ルーツ		origem
古代	こだい	tempos antigos
王国	おうこく	reino
天文	てんもん	astronomia
学者	がくしゃ	estudioso, cientista
観測［する］	かんそく［する］	observar

水星	すいせい	Mercúrio
金星	きんせい	Vênus
火星	かせい	Marte
木星	もくせい	Júpiter
支配[する]	しはい[する]	controlar
特定[する]	とくてい[する]	especificar
割り振る	わりふる	asignar, distribuir
並び順	ならびじゅん	ordem de alinhamento
端午の節句	たんごのせっく	Festival dos Meninos
節句	せっく	festival sazonal
武者人形	むしゃにんぎょう	boneco de guerreiro samurai
鯉のぼり	こいのぼり	koinobori (carpa feita de tecido em forma de biruta, usada como enfeite do Festival dos Meninos)
鯉	こい	carpa
伝説	でんせつ	lenda
流れ[川の〜]	ながれ[かわの〜]	corrente [de um rio]
滝	たき	cachoeira
逆らう	さからう	ir contra
光り輝く	ひかりかがやく	reluzir
竜	りゅう	dragão
変身[する]	へんしん[する]	transformar-se
昇る[天に〜]	のぼる[てんに〜]	ascender [ao céu]
困難	こんなん	dificuldade
立ち向かう	たちむかう	confrontar, enfrentar
生まれる[鯉のぼりが〜]	うまれる[こいのぼりが〜]	[koinobori] originar-se, ter origem em

....

古代ローマ	Roma Antiga
明治時代	Era Meiji
ペレ	Pelé: Ex-jogador de futebol do Brasil, considerado o "Rei do Futebol". 1940-
『ポケモン』	*Pokémon (Pocket Monsters)*: Título de um animê.

ハワイ	Havaí
ＮＨＫ	NHK (Nippon Hoso Kyokai): Japan Broadcasting Corporation (emissora de TV e rádio do Japão)
天神祭 <small>てんじんまつり</small>	Festival Tenjin: O festival Tenman Tenjin em Osaka é especialmente famoso e é um dos três maiores festivais do Japão.
バビロニア	Babilônia

Lição 18

読む・書く

鉛筆削り	えんぴつけずり	apontador de lápis
幸運	こううん	boa sorte
登場人物	とうじょうじんぶつ	personagem
内[心の〜]	うち[こころの〜]	dentro [da mente, do coração]
解釈[する]	かいしゃく[する]	interpretar
山[本の〜]	やま[ほんの〜]	pilha, monte [de livros]
言い返す	いいかえす	replicar
修復[する]	しゅうふく[する]	restaurar
おそらく		provavelmente
薄汚い	うすぎたない	meio sujo
ぴかぴか[な]		brilhante
新品	しんぴん	artigo novo
手に入れる	てにいれる	obter
ざらに		comum
目をとめる	めをとめる	notar
しょうゆさし		pote de molho de soja
食塩	しょくえん	sal de cozinha
流し台	ながしだい	pia
排水パイプ	はいすいパイプ	cano de esgoto
排水	はいすい	água de esgoto
修理屋	しゅうりや	técnico
ちらちら		repetidamente
マニアック		maníaco
コレクター		colecionador
知る由もない	しるよしもない	sem razão para saber
鋭い	するどい	perspicaz
視線	しせん	olhar
走らす[視線を〜]	はしらす[しせんを〜]	lançar [o olhar]
見当	けんとう	imaginação, suposição

つく[見当が〜]	[けんとうが〜]	poder imaginar, adivinhar
雑然	ざつぜん	em confusão
ちらばる		espalhar-se
手に取る	てにとる	pegar nas mãos
ごく		muito
あたりまえ		comum, ordinário
手動式	しゅどうしき	manual
何ひとつない	なにひとつない	sem nada
金属	きんぞく	metal
錆びつく	さびつく	enferrujar
錆びる	さびる	enferrujar
てっぺん		topo
シール		rótulo adesivo
要するに	ようするに	em outras palavras
刃	は	lâmina
かみあわせ		engrenagem, ajuste
タイプ		tipo
削りかす	けずりかす	raspas, aparas
微妙[に]	びみょう[に]	levemente
最新式	さいしんしき	último modelo
持ち歩く	もちあるく	levar consigo
超〜[〜短編小説]	ちょう〜[〜たんぺんしょうせつ]	super [conto 〜 curto]
短編小説	たんぺんしょうせつ	contos
意外[な]	いがい[な]	inesperado
満足[する]	まんぞく[する]	satisfazer-se
価値観	かちかん	valores
異なる	ことなる	diferir
行為	こうい	conduta
シナリオ		roteiro
角度	かくど	ângulo
うらやましい		invejável
じっと		atentamente
見つめる	みつめる	fitar, encarar

18

41

話す・聞く

いらいら[する]		irritar-se
気に入る	きにいる	gostar
仲直り[する]	なかなおり[する]	fazer as pazes
不満	ふまん	descontentamento
非難[する]	ひなん[する]	criticar
皮肉	ひにく	sarcasmo, ironia
ワイングラス		taça de vinho
捜し物	さがしもの	objeto de procura
しょっちゅう		sempre
欠ける[カップが～]	かける	[xícara] fragmentar-se, despedaçar-se
しまい込む	しまいこむ	conservar guardado
だって		mas
新婚	しんこん	recém casado
思い出	おもいで	lembrança
思い切る	おもいきる	tomar uma firme decisão
そもそも		desde o começo, antes de tudo
とる[場所を～]	[ばしょを～]	tomar [espaço]
栓	せん	tampa, rolha
抜く[栓を～]	ぬく[せんを～]	tirar [a tampa]
平気[な]	へいき[な]	indiferente
おまけに		além disso, e mais
気がない	きがない	não ter intenção de
そんなに		assim, desse modo
中断[する]	ちゅうだん[する]	interromper
のぞく		dar uma olhada
シェアハウス		casa compartilhada
散らかす	ちらかす	esparramar, deixar em desordem
乱雑	らんざつ	desordenado

文法・練習

監督	かんとく	diretor
持ち主	もちぬし	proprietário
きく[口を～]	[くちを～]	trocar palavras

跳ぶ	とぶ	saltar
推測[する]	すいそく[する]	especular
花嫁	はなよめ	noiva
かなう		concretizar-se
不平	ふへい	queixa
活躍[する]	かつやく[する]	desempenhar
基礎	きそ	base
置く[本屋に〜]	おく[ほんやに〜]	colocar [livros à venda na livraria]
維持[する]	いじ[する]	manter
おしゃれ		charmoso
コミュニケーション		comunicação
ふさわしい		apropriado, merecedor

問題

出し忘れる	だしわすれる	esquecer-se de jogar fora
素直[な]	すなお[な]	submisso
癖	くせ	hábito
ずっと(ずうっと)		continuamente
いわば		por assim dizer, digamos
咳払い	せきばらい	limpando a garganta
昨夜	さくや	ontem à noite
ものすごい		terrível
試す	ためす	testar
励ます	はげます	encorajar
超える	こえる	exceder
口癖	くちぐせ	maneira de dizer (de uma pessoa)
習得[する]	しゅうとく[する]	aprender
味方	みかた	aliado

| しょっちゅう…ね。 | | Sempre ...., não? |

Para expressar sentimento de desagrado em relação ao modo de agir da outra parte.

| …んじゃない？ | | Você poderia...., não é? |

だいたい〜は…んだ。	Antes de mais nada, 〜 é ...., não é?
	Para reclamar à outra parte citando casos.
そんなに言わなくたっていいじゃない。	Não precisa falar assim/desse modo.
	Para reagir ao receber críticas ou reclamações.
お互(たが)いさまなんじゃない？	É uma situação recíproca, não é?
	Para falar que a outra parte também cometeu falhas.
ごめん。…ちょっと言い過ぎたみたいだね。	Desculpe. Acho que falei demais.
	Para desculpar-se para terminar uma briga/discussão.
私こそ、〜て、ごめん。	Eu é que peço desculpas por 〜.
	Para admitir que também cometeu um erro quando a outra parte se desculpa.

渡辺 昇 (わたなべのぼる)　Watanabe Noboru: Um personagem que aparece em um conto super curto do escritor Murakami Haruki.

『鉄腕アトム』(てつわん)　*Tetsuwan Atom (Astro Boy)*: Mangá de ficção científica e série de animês para televisão de autoria de Tezuka Osamu. 1928-1989

Lição 19

読む・書く

ロボットコンテスト		concurso de robôs
ものづくり		fabricação
人づくり	ひとづくり	formação do ser humano
評価[する]	ひょうか[する]	avaliar
提言[する]	ていげん[する]	propor
的確[な]	てきかく[な]	exato, correto
把握[する]	はあく[する]	compreender
自慢話	じまんばなし	contos blasonadores
まとまる		ser bem arranjado
集まり	あつまり	reunião
即席	そくせき	improviso
取り組む	とりくむ	lidar, tratar
やりとげる		cumprir, conseguir realizar completamente
産業用ロボット	さんぎょうようロボット	robô industrial
無人探査ロボット	むじんたんさロボット	sonda robótica não tripulada
ペットロボット		robô de estimação
介護ロボット	かいごロボット	cuidar de idosos e deficientes
介護[する]	かいご[する]	robô para cuidados a idosos
効果	こうか	efeito
箇所	かしょ	ponto, passagem
先頭	せんとう	início
第〜[〜一]	だい〜[〜いち]	o número - [o primeiro]
結びつく	むすびつく	levar a, resultar em
提唱[する]	ていしょう[する]	propor
努める	つとめる	empenhar-se
課題	かだい	tarefa
達成[する]	たっせい[する]	conseguir
製作[する]	せいさく[する]	fabricar
競技[する]	きょうぎ[する]	competir

高専	こうせん	escola técnica
さて		deste modo, bem, então
向上[する]	こうじょう[する]	melhorar
たんに		somente
削る	けずる	aplainar
欠ける	かける	faltar
創造[する]	そうぞう[する]	criar
添付[する]	てんぷ[する]	anexar
単純[な]	たんじゅん[な]	simples
独創[力]	どくそう[りょく]	capacidade inventiva
養う	やしなう	cultivar
達成感	たっせいかん	sensação de realização
身につく	みにつく	adquirir, ganhar
活用[する]	かつよう[する]	utilizar
経費	けいひ	custo
節約[する]	せつやく[する]	economizar
廃品	はいひん	artigo descartado
廃材	はいざい	sucata, material jogado fora
前〜[〜年度]	ぜん〜[〜ねんど]	[ano fiscal] anterior
分解[する]	ぶんかい[する]	desmantelar
再利用[する]	さいりよう[する]	reutilizar
車輪	しゃりん	roda
用紙	ようし	papel
ガムテープ		fita crepe
巻く	まく	enrolar
芯	しん	núcleo
発泡ゴム	はっぽうゴム	borracha de espuma
ゴム		borracha
ヤスリ		lima
かける[ヤスリを〜]		limar
仕上げる	しあげる	dar o acabamento
部品	ぶひん	peça
生命	せいめい	vida
入る[生命が〜]	はいる[せいめいが〜]	ganhar [vida]

分身	ぶんしん	alter-ego
ふるまい		comportamento
おだやか[な]		calmo
チームワーク		trabalho de equipe
組む[チームを～]	くむ	formar [uma equipe]
トーナメント		torneio
精神的[な]	せいしんてき[な]	mental
登校[する]	とうこう[する]	ir à escola
拒否[する]	きょひ[する]	recusar-se
下校[する]	げこう[する]	voltar da escola para casa
標語	ひょうご	lema
特効薬	とっこうやく	remédio específico
例外	れいがい	exceção
広まる[世界中に～]	ひろまる[せかいじゅうに～]	difundir-se [por todo o mundo]

話す・聞く

入会[する]	にゅうかい[する]	inscrever-se, registrar-se
自己紹介	じこしょうかい	autoapresentação
アピール[する]		fazer uma autoapresentação de forma impressionante
役者	やくしゃ	ator
新入部員	しんにゅうぶいん	novo membro do clube
部員	ぶいん	membro do clube
部活動	ぶかつどう	atividades do clube
役立てる	やくだてる	fazer uso de
入部[する]	にゅうぶ[する]	entrar em um clube
ささやか[な]		pequeno
～祭	～さい	festival
伝統	でんとう	tradição
誇り	ほこり	orgulho
受け継ぐ	うけつぐ	herdar
バトン		bastão
舞台	ぶたい	palco

舞台装置	ぶたいそうち	peças e equipamentos de cenário
装置	そうち	peças e equipamentos
衣装	いしょう	traje
華やか[な]	はなやか[な]	vistoso
覚悟[する]	かくご[する]	preparar-se
ありきたり[の]		ordinário
時計回り	とけいまわり	sentido horário
タイヤ		pneu
ストッパー		dispositivo de segurança
筋肉	きんにく	músculo
モーター		motor
生かす	いかす	fazer bom uso de, aproveitar
万年〜	まんねん〜	permanente
補欠	ほけつ	substituto
レギュラー		jogador regular
いわゆる		assim chamado
ボール拾い	ボールひろい	catador de bola
下積み	したづみ	uma situação em que luta para atingir um nível melhor
サークル		clube, grupo
小噺	こばなし	gracejo, brincadeira
喜劇	きげき	comédia
ユニーク[な]		original, único
揃う	そろう	reunir
引き継ぐ	ひきつぐ	passar para
引き締める	ひきしめる	peparar-se para algo
披露[する]	ひろう[する]	apresentar
準決勝	じゅんけっしょう	semifinal
電卓	でんたく	calculadora eletrônica
空想	くうそう	imaginação
こもる		confinar-se
引きこもり	ひきこもり	isolado socialmente
コンパス		compasso
手放す	てばなす	largar
方向音痴	ほうこうおんち	sem sentido de direção

ナビゲーター		aparelho de navegação
かゆい所に手が届く	かゆいところにてがとどく	fazer algo em antecipação aos desejos (de uma pessoa)
お人よし	おひとよし	bonachão, ingênuo
警察官	けいさつかん	policial
詐欺	さぎ	fraude, golpe
防ぐ	ふせぐ	evitar

文法・練習

幼児	ようじ	criança em idade pré-escolar
流行[する]	りゅうこう[する]	virar moda
おもに		principalmente, quase, a maior parte
反抗[する]	はんこう[する]	rebelar-se
甘い[管理体制が〜]	あまい[かんりたいせいが〜]	[o sistema de controle é] relaxado, ruim
難民キャンプ	なんみんキャンプ	campo de refugiados
医療活動	いりょうかつどう	atividades de assistência médica
医療	いりょう	assistência médica
使命[感]	しめい[かん]	[senso de] missão
定年	ていねん	idade de retiro da empresa
受賞[する]	じゅしょう[する]	ganhar um prêmio
物理	ぶつり	física
道[物理の〜]	みち[ぶつりの〜]	carreira [em física]
行儀作法	ぎょうぎさほう	boas maneiras e etiqueta
行儀	ぎょうぎ	boas maneiras
作法	さほう	etiqueta
和	わ	harmonia
深まる[理解が〜]	ふかまる[りかいが〜]	aprofundar [o entendimento]
身につける	みにつける	adquirir, assimilar
取り戻す	とりもどす	recuperar
〜号[台風〜]	〜ごう[たいふう〜]	[Tufão] Nº 〜
上陸[する]	じょうりく[する]	atingir
見込み	みこみ	previsão
セツブンソウ		eranthis pinnatifida (nome de flor)

分布[する]	ぶんぷ[する]	ser distribuído
通勤[ラッシュ]	つうきん	[rush do horário de] ida ao trabalho
桜前線	さくらぜんせん	frente das cerejeiras em flor
〜前線[桜〜]	〜ぜんせん[さくら〜]	frente [das cerejeiras em flor]
日本列島	にほんれっとう	arquipélago japonês
北上[する]	ほくじょう[する]	mover-se em direção ao norte
梅雨	つゆ	estação das chuvas
見た目	みため	aparência
評判	ひょうばん	reputação
国家試験	こっかしけん	exame nacional
気が合う	きがあう	dar-se bem com
赤字	あかじ	déficit
常に	つねに	continuamente
思い起こす	おもいおこす	recordar
〜ごと[中身〜]	[なかみ〜]	junto com [o conteúdo]
ポピュラー[な]		popular

問題

担任	たんにん	encarregado de
保護者会	ほごしゃかい	reunião de pais e mestres
学期[新〜]	がっき[しん〜]	[novo] período escolar
飼育[する]	しいく[する]	criar
一体感	いったいかん	sentimento de unidade
無用[な]	むよう[な]	desnecessário
後ろ向き	うしろむき	negativo
前向き	まえむき	positivo
ゆだん[する]		descuidar-se
初回	しょかい	primeira entrada
得点	とくてん	ponto(s)
興奮[する]	こうふん[する]	excitar-se
チームメイト		companheiro de equipe
以前	いぜん	no passado
掃く	はく	varrer
清掃[する]	せいそう[する]	limpar
廃品回収	はいひんかいしゅう	coleta de artigos descartados

回収[する]	かいしゅう[する]	coletar
電化[する]	でんか[する]	mudar para aparelhos elétricos, eletrificar
個別	こべつ	individual
豆腐	とうふ	tofu
手元	てもと	nas mãos
そうっと／そっと		gentilmente
扱う	あつかう	manusear
未〜[〜経験]	み〜[〜けいけん]	não [experimentado]
体験[する]	たいけん[する]	experimentar
自信	じしん	confiança
力[生きる〜]	ちから[いきる〜]	força [para viver]
サポート[する]		apoiar
敵	てき	inimigo
状態	じょうたい	situação
走りこむ	はしりこむ	correr para o meio de
パスコース		caminho para o passe
パス		passe
シュート[する]		chutar

19

ちょっと自慢話になりますが、……。	Não é que eu queira me gabar, mas, ...
	Para iniciar a fazer apelo dos seus méritos.
〜の経験を〜に生かせたらいいなと思います。	Acho que seria bom se pudesse aproveitar a experiência tida em 〜 em 〜.
いわゆる〜です。	É o chamado 〜.
	Para dizer a explicação anterior em palavras usadas de uma forma geral.

....

森政弘	Mori Masahiro: Engenheiro japonês, pioneiro em robótica. 1927-
スペイン風邪	Gripe espanhola: Gripe pandêmica que se propagou pelo mundo todo entre o verão e outono de 1918.
ゴビ砂漠	Deserto de Gobi

Lição 20

読む・書く

尺八	しゃくはち	shakuhachi (pífaro japonês)
理解[する]	りかい[する]	compreender
文化面[新聞の〜]	ぶんかめん[しんぶんの〜]	páginas culturais [de um jornal]
プロフィール		perfil
取る[相撲を〜]	とる[すもうを〜]	lutar sumô
手順	てじゅん	procedimentos, ordem
管楽器	かんがっき	instrumento de sopro
邦楽	ほうがく	música tradicional japonesa
笙	しょう	sho (instrumento de sopro com palheta livre)
琴	こと	koto (longo instrumento de corda similar à cítara)
三味線	しゃみせん	shamisen (alaúde de três cordas similar a banjo)
小鼓	こつづみ	kotsuzumi (pequeno tambor de mão)
民族[音楽]	みんぞく[おんがく]	[música] folclórica
奏者	そうしゃ	artista
授かる	さずかる	ser conferido com
内外[国の〜]	ないがい[くにの〜]	dentro e fora [do país]
古典	こてん	clássico
修業[する]	しゅぎょう[する]	estudar
自ら	みずから	de si próprio
半生	はんせい	metade da vida
著書	ちょしょ	livro
音色	ねいろ	tom
ノンフィクション		não ficção
〜賞	〜しょう	Prêmio 〜
アフロヘアー		cabelo estilo afro
もと[宗家の〜]	[そうけの〜]	junto/subordinado a [o mestre de uma escola]
初心者	しょしんしゃ	iniciante
厄介[な]	やっかい[な]	complicado, trabalhoso

トロンボーン		trombone
フルート		flauta
吹く	ふく	tocar
あっさり		facilmente
出す[音を～]	だす[おとを～]	produzir [um som]
～そのもの		em si
在り方	ありかた	atual estado, forma de ser
進級[する]	しんきゅう[する]	ser promovido de nível/grau
重視[する]	じゅうし[する]	dar importância, considerar muito
疑問	ぎもん	dúvida
持つ[疑問を～]	もつ[ぎもんを～]	ter [dúvidas]
徹底的[な]	てっていてき[な]	inteiro, completo
愛好者	あいこうしゃ	entusiasta
初演[する]	しょえん[する]	apresentar pela primeira vez
～人口[尺八～]	～じんこう[しゃくはち～]	população de [shakuhachi]
急速[な]	きゅうそく[な]	rápido
増加[する]	ぞうか[する]	aumentar
いやし		conforto
古臭い	ふるくさい	antiquado
斬新[な]	ざんしん[な]	inovador
先入観	せんにゅうかん	preconceito
接する	せっする	entrar em contato, encontrar-se
主張[する]	しゅちょう[する]	enfatizar, opinar
財産	ざいさん	tesouro
国籍	こくせき	nacionalidade
目の色	めのいろ	cor dos olhos, raça
すんなり		facilmente
宝	たから	tesouro
含める	ふくめる	incluir
伝統文化	でんとうぶんか	cultura tradicional
イラスト		ilustração
レイアウト		leiaute
工夫[する]	くふう[する]	inventar vários meios (de fazer alguma coisa)

話す・聞く

主催[する]	しゅさい[する]	patrocinar
部門	ぶもん	categoria, campo
最〜[〜優秀賞]	さい〜[〜ゆうしゅうしょう]	primeiro [prêmio]
広報[〜誌]	こうほう[〜し]	[revista] informativa
掲載[する]	けいさい[する]	inserir (um artigo)
初対面	しょたいめん	encontro pela primeira vez
終える	おえる	acabar, terminar
十両	じゅうりょう	juryo (lutador de sumô de divisão intermediária)
相撲部屋	すもうべや	academia de sumô
抱負	ほうふ	aspiração
機関誌	きかんし	boletim (revista)
光栄	こうえい	honra
実家	じっか	casa dos pais
ジュニア		junior
世界選手権大会	せかいせんしゅけんたいかい	Campeonato Mundial
入門[する]	にゅうもん[する]	iniciar treinamento
初土俵	はつどひょう	debutar no ringue
わずか[な]		apenas
関取	せきとり	lutador de sumô de categoria juryo ou superior
順風満帆	じゅんぷうまんぱん	navegação de vento em popa
上がる[十両に〜]	あがる[じゅうりょうに〜]	elevar-se [à categoria de juryo]
命日	めいにち	aniversário da morte
昇進[する]	しょうしん[する]	ser promovido
知らせ	しらせ	notificação
さぞ		sem dúvida
離れる[故郷を〜]	はなれる[こきょうを〜]	deixar [a terra natal]
特殊[な]	とくしゅ[な]	especial
ちゃんこ鍋	ちゃんこなべ	chanko nabe (cozido de carnes, peixes e vegetais)

わがまま[な]		egoísta
納豆	なっとう	natto (feijão de soja fermentado)
いける		gostar do sabor, poder comer
四股名	しこな	nome profissional de um lutador de sumô
力強い	ちからづよい	forte
響き	ひびき	ressonância
ニックネーム		apelido
師匠	ししょう	mestre
力士	りきし	lutador de sumô
生まれ変わる	うまれかわる	renascer
慣習	かんしゅう	costume
報いる	むくいる	recompensar
応援[する]	おうえん[する]	apoiar, torcer por
さらなる		ademais, ainda mais
貴重[な]	きちょう[な]	precioso
経営者	けいえいしゃ	dono
手作り	てづくり	caseiro
医師	いし	médico
ドキュメンタリー		documentário
姿	すがた	vista, aparência, figura
頼る	たよる	confiar em
寄り添う	よりそう	aproximar-se de
余暇	よか	lazer
まとめる[内容を～]	[ないようを～]	organizar [conteúdos], colocar em ordem

文法・練習

共同	きょうどう	em conjunto
田植え	たうえ	plantação de arroz
毒ヘビ	どくへび	cobra venenosa
毒	どく	veneno
ホッとする		sentir-se aliviado
腹が立つ	はらがたつ	sentir-se indignado/zangado
演奏家	えんそうか	artista
国立大学	こくりつだいがく	universidade nacional
私立大学	しりつだいがく	universidade privada

経済的[な]	けいざいてき[な]	econômico
学費	がくひ	despesas de estudos
進学[する]	しんがく[する]	seguir os estudos para um nível superior
失業[する]	しつぎょう[する]	estar desempregado, perder o emprego
悩む	なやむ	preocupar-se, afligir-se
引退[する]	いんたい[する]	retirar-se (do emprego)
渡り歩く	わたりあるく	ir de um lugar para outro, passar por
ようやく		finalmente
長時間	ちょうじかん	longo tempo
一致[する]	いっち[する]	combinar, ajustar-se
延長戦	えんちょうせん	tempo de prorrogação
延長[する]	えんちょう[する]	prorrogar
交渉[する]	こうしょう[する]	negociar
アップ[する]		elevar
愛犬	あいけん	cachorro de estimação
とうとう		enfim
母校	ぼこう	escola onde estudou/se graduou
偽物	にせもの	falso
重い[病気が〜]	おもい[びょうきが〜]	[doença] grave
湧き起こる	わきおこる	manifestar-se
柔らかい[頭が〜]	やわらかい[あたまが〜]	[mente] flexível
子猫	こねこ	gatinho
持ち出す	もちだす	mencionar, tocar
拍手[する]	はくしゅ[する]	aplaudir
民主主義	みんしゅしゅぎ	democracia
運動神経	うんどうしんけい	capacidade atlética
一流	いちりゅう	primeira classe

問題

商品開発	しょうひんかいはつ	desenvolvimento de produto
アイス		sorvete
原材料	げんざいりょう	matéria-prima
試作品	しさくひん	protótipo
失敗作	しっぱいさく	falha

企業秘密	きぎょうひみつ	segredo comercial
ヒント		dica
待ち遠しい	まちどおしい	"Mal posso esperar!"
ハープ		harpa
優雅［な］	ゆうが［な］	elegante
奏でる	かなでる	tocar
背丈	せたけ	altura
枠	わく	moldura
張る［弦を～］	はる［げんを～］	estirar, colocar [a corda de um instrumento musical]
親指	おやゆび	dedo polegar
はじく		dedilhar
上半身	じょうはんしん	parte superior do corpo
揺らす	ゆらす	balançar
掛け合い	かけあい	diálogo musical
リード［する］		liderar
現地	げんち	local, sede
付け根	つけね	junta
痛む	いたむ	doer
本場	ほんば	terra natal
雰囲気	ふんいき	ambiente
ふと		por acaso
格好良い	かっこ［う］よい	sensacional
ほれ込む	ほれこむ	ficar cativado
拍子	ひょうし／～びょうし	ritmo
同時進行［する］	どうじしんこう［する］	desenvolver simultaneamente
番組制作	ばんぐみせいさく	produção de programa
同時	どうじ	simultâneo
ラテン音楽	ラテンおんがく	música latina
渡る［現地に～］	わたる［げんちに～］	ir [ao local]
夜明け	よあけ	amanhecer
即興演奏	そっきょうえんそう	apresentação improvisada
即興	そっきょう	improvisado
バンド		conjunto, banda

加わる	くわわる	juntar-se
持ち味	もちあじ	qualidade distinta
武者修行	むしゃしゅぎょう	cavalaria andante
各地	かくち	várias regiões
刻む	きざむ	gravar, entalhar
自腹を切る	じばらをきる	pagar do seu prórpio bolso
ボサノバ		bossa nova
独立[する]	どくりつ[する]	tornar-se independente
交じる	まじる	misturar-se
感激[する]	かんげき[する]	emocionar-se
自作	じさく	sua própria obra
がらくた		trastes, bugigangas
大型	おおがた	grande porte
空き缶	あきかん	lata vazia
バネ		mola
弦楽器	げんがっき	instrumento de corda
エコー		eco
説得[する]	せっとく[する]	persuadir, convencer
素材	そざい	material

お忙しいところ、お時間をいただきありがとうございます。～と申します。	Desculpe-me incomodá-lo e tomar seu precioso tempo. Eu sou ～.

Para iniciar uma entrevista.

～に紹介させていただきたいと思います。	Gostaria de apresentá-lo em ～.
まず、伺いたいんですが、……。	Em primeiro lugar, gostaria de lhe perguntar sobre ….
それにしても、……。	Mas, afinal, ….
何か一言お願いできますでしょうか。	Poderia dirigir algumas palavras?
ますますのご活躍を期待しております。	Espero que continue atuando ainda mais.

Para saudar ao terminar uma entrevista.

クリストファー遥盟（ようめい）	Christopher Yohmei Blasdel: Pesquisador de música folclórica e artista que toca shakuhachi e outros instrumentos musicais tradicionais do Japão.
蓮如賞（れんにょしょう）	Prêmio Rennyo: Prêmio de literatura japonesa dada a obras de projeção de não-ficção.
竹盟社（ちくめいしゃ）	Chikumeisha: Escola de shakuhachi
武満徹（たけみつとおる）	Takemitsu Toru: Um dos mais notáveis compositores do Japão, renomado no mundo todo no campo de música moderna. 1930-1996
「ノヴェンバー・ステップス」	*November Steps*: Obra composta por Takemitsu em 1967 para biwa, shakuhachi e orquestra, que o levou ao reconhecimento internacional.
臥牙丸（ががまる）	Gagamaru: Lutador de sumô procedente da Georgia.
グルジア	Georgia
ベネズエラ	Venezuela
ボサノバ	Bossa-nova: Versão refinada e urbanizada do samba.

Lição 21

読む・書く

表明[する]	ひょうめい[する]	expressar, esclarecer
根拠	こんきょ	razão, argumentos
基づく	もとづく	ter como base
基に	もとに	com base em
図表	ずひょう	tabelas e ilustrações
飲み水	のみみず	água potável
こだわり		importância, valor
深さ[関わりの〜]	ふかさ[かかわりの〜]	profundidade [de uma relação]
危機感	ききかん	senso de crise
糸目をつけない[金に〜]	いとめをつけない[かねに〜]	não dar atenção para, não considerar muito [a despesa, o dinheiro]
通人	つうじん	conhecedor, especialista [de coisas finas]
茶漬け	ちゃづけ	chazuke (arroz cozido no qual se junta chá)
漬物	つけもの	picles
煎茶	せんちゃ	chá verde
飯	めし	arroz cozido
代金	だいきん	preço
両	りょう	ryo (unidade monetária da Era Edo)
分	ぶ	bu (unidade monetária da Era Edo, que equivale a um quarto de ryo)
吟味[する]	ぎんみ[する]	selecionar cuidadosamente
見当たる	みあたる	ser encontrado
上流	じょうりゅう	montante (de um rio)
くむ[水を〜]	[みずを〜]	tirar, içar [água]
早飛脚	はやびきゃく	mensageiro expresso
仕立てる	したてる	expedir especialmente
故	ゆえ	porque
運賃	うんちん	taxa de transporte
二の句もつげない	にのくもつげない	ficar emudecido

上水	じょうすい	abastecimento de água
主流	しゅりゅう	corrente principal
清冽	せいれつ	clareza cristalina da água
うたう		celebrar
名水	めいすい	água famosa
目立つ	めだつ	ser proeminente, ressaltar-se
産湯	うぶゆ	primeiro banho do bebê recém-nascido
末期	まつご	fim da vida de uma pessoa
切る[縁を～]	きる[えんを～]	cortar [a relação]
あこがれる		adorar, aspirar
一方的[な]	いっぽうてき[な]	unilateral, à força
決めつける	きめつける	decidir desde o começo
あおりたてる		incitar
質	しつ	qualidade
落とす[質を～]	おとす[しつを～]	baixar [a qualidade]
有数	ゆうすう	um dos melhores
主食	しゅしょく	alimento básico
炊く	たく	cozinhar
自体	じたい	próprio
たっぷり		bastante
副食	ふくしょく	alimento não básico
ミソ汁	みそしる	sopa de missô
大半	たいはん	maioria
銘柄米	めいがらまい	variedade de arroz de grife
とびきり		de qualidade excepcional
玉露	ぎょくろ	chá verde de altíssima qualidade
極上の	ごくじょうの	o mais fino
地下水	ちかすい	água subterrânea
良質	りょうしつ	boa qualidade
豊富[な]	ほうふ[な]	abundante
雨水	あまみず	água de chuva
雪どけ水	ゆきどけみず	neve derretida
杉	すぎ	cedro japonês
松	まつ	pinheiro

クヌギ		carvalho-do-Japão
しみ込む	しみこむ	ser absorvido, infiltrar
常時	じょうじ	continuamente
湧く	わく	brotar
岩石	がんせき	rocha
入り込む	はいりこむ	penetrar
リゾート開発	リゾートかいはつ	desenvolvimento de área de lazer
ゴルフ場	ゴルフじょう	campo de golfe
伐採[する]	ばっさい[する]	derrubada, corte (de árvores)
破壊[する]	はかい[する]	destruir
汚れる[地下水が〜]	よごれる[ちかすいが〜]	[a água subterrânea] poluir-se
英訳[する]	えいやく[する]	traduzir ao inglês
水を差す	みずをさす	esfriar o ânimo
水を向ける	みずをむける	induzir, instigar
水かけ論	みずかけろん	discussão inútil
水入らず	みずいらず	sem estranhos, na intimidade
誘い水	さそいみず	motivo para estimular, conduzir a uma determinada direção
堪能[する]	たんのう[する]	ser capaz, apreciar plenamente
訳す	やくす	traduzir
周辺	しゅうへん	redondezas, ao redor
密着[する]	みっちゃく[する]	ficar junto a
独自[な]	どくじ[な]	original, peculiar
築きあげる	きずきあげる	criar, construir
崩れる	くずれる	romper-se, cair
共通[する]	きょうつう[する]	ser comum a
単語	たんご	palavra
ファッション		moda

話す・聞く

横ばい	よこばい	sem alteração, evolução horizontal
進む	すすむ	avançar
減少[する]	げんしょう[する]	reduzir-se
著しい	いちじるしい	notável

とる[食事を〜]	[しょくじを〜]	tomar [a refeição]
個食	こしょく	comer sozinho
図	ず	diagrama
興味深い	きょうみぶかい	interessante
ご覧ください	ごらんください	Por favor, veja.
食育	しょくいく	educação alimentar
白書	はくしょ	Livro Branco
調理[する]	ちょうり[する]	cozinhar
聞きなれる	ききなれる	acostumar-se a ouvir
〜済み[調理〜]	〜ずみ[ちょうり〜]	-do (estar feito) [cozido]
食材	しょくざい	ingredientes
惣菜	そうざい	prato, mistura
手軽[な]	てがる[な]	rápido e fácil
外部化	がいぶか	externalização
再び	ふたたび	novamente
近年	きんねん	recentes anos
依然	いぜん	até agora
形態	けいたい	forma
様変わり	さまがわり	transformação
受講[する]	じゅこう[する]	atender
気になる	きになる	ficar preocupado com
囲む[食卓を〜]	かこむ[しょくたくを〜]	sentar-se em volta [da mesa de jantar]
回答[する]	かいとう[する]	responder
〜人中〜人	〜にんちゅう〜にん	〜 pessoas dentre 〜 pessoas
上昇[する]	じょうしょう[する]	elevar-se, subir
就労[する]	しゅうろう[する]	ser empregado
訪日[する]	ほうにち[する]	visitar o Japão
推移[する]	すいい[する]	desenvolver, mudar
キャンペーン		campanha
円安	えんやす	depreciação/queda do iene
最多	さいた	o maior número
新型	しんがた	novo tipo
増減[する]	ぞうげん[する]	aumentar e reduzir, subir e cair
外的[な]	がいてき[な]	externo

要因	よういん	fator
信頼性	しんらいせい	confiabilidade
入手[する]	にゅうしゅ[する]	obter
世帯	せたい	lar(es)
進学率	しんがくりつ	porcentagem de estudantes que seguem para estudos de nível mais elevado
保有台数	ほゆうだいすう	número de posses/propriedades

文法・練習

得る	える	obter
よしあし		os prós e os contras
名医	めいい	médico habilidoso
けち[な]		mesquinho
不器用[な]	ぶきよう[な]	desajeitado
俳句	はいく	haiku (um tipo de poesia do Japão)
節電[する]	せつでん[する]	economizar eletricidade
使用量	しようりょう	quantidade usada
報道[する]	ほうどう[する]	divulgar, informar
出産[する]	しゅっさん[する]	dar a luz
口が[の]悪い	くちが[の]わるい	cínico, crítico
評論家	ひょうろんか	comentarista, crítico
基本	きほん	base
列	れつ	fila
積み重ねる	つみかさねる	acumular
それなり		da sua própria maneira, tal como é
年輪	ねんりん	experiência de vida
化粧[する]	けしょう[する]	maquiar-se
判断[する]	はんだん[する]	decidir, julgar
購入[する]	こうにゅう[する]	comprar
検討[する]	けんとう[する]	considerar
災害時	さいがいじ	em um desastre
安全基準	あんぜんきじゅん	normas de segurança
責任	せきにん	responsabilidade
遺産	いさん	herança, legado

外交官	がいこうかん	diplomata
きずな		elo
深める	ふかめる	reforçar, aprofundar
母語	ぼご	língua materna
コレステロール		colesterol
値[コレステロール〜]	ち	nível de [colesterol]
莫大[な]	ばくだい[な]	enorme, gigantesco
社会貢献	しゃかいこうけん	contribuição à sociedade
貢献[する]	こうけん[する]	contribuir
ブランド		grife, marca
バリアフリー		livre de barreiras
障害	しょうがい	deficiência
ダイビング[する]		praticar mergulho

問題

インスタントラーメン		talharim instantâneo
消費量	しょうひりょう	consumo
総〜[〜消費量]	そう〜[〜しょうひりょう]	total [de consumo]
およそ		aproximadamente
麺	めん	talharim
ハウス		estufa
養殖[する]	ようしょく[する]	cultivar
冷凍	れいとう	congelamento
出回る	でまわる	ser disponível (no mercado)
乏しい	とぼしい	deficiente, pobre
イチゴ		morango
クリスマスケーキ		bolo de Natal
カツオ		bonito
サンマ		carapau
季語	きご	palavra sazonal (utilizada em haiku)
旬	しゅん	estação, temporada
技	わざ	habilidade
しきたり		tradição
普及[する]	ふきゅう[する]	tornar-se difundido

呉服	ごふく	tecido de quimono
若だんな	わかだんな	jovem patrão
あらゆる		todos, de cada tipo
番頭	ばんとう	gerente
思い知る	おもいしる	dar-se conta de, aprender
蔵	くら	depósito
腐る	くさる	apodrecer, deteriorar
季節外れ	きせつはずれ	fora da estação
房	ふさ	gomo (de laranja)
せいぜい		ao máximo

これは〜を示す〜です。	Este é 〜 que indica 〜.
〜に見られるように、……。	Como se pode ver em 〜, ...

Para levar a um resultado com base em dados.

以上から、…ことがお分かりいただけると思います。	Com base no qual expliquei, creio que os senhores podem entender que ....

Para falar o que se soube através dos dados.

…と言えるのではないでしょうか。	Creio que se pode dizer que ....

Para apresentar observações com base nos dados.

多摩川 (たまがわ)	Rio Tama: Rio que corre através da cidade de Tóquio à baía de Tóquio.
小泉 武夫 (こいずみたけお)	Koizumi Takeo: Especialista em ciências agrícolas e escritor. 1943-
農水省 (のうすいしょう)	Ministério da Agricultura, Floresta e Pesca
食育白書 (しょくいくはくしょ)	Livro Branco de Educação Alimentar: Livro branco sobre políticas de educação nutricional do Japão, publicado pelo escritório do gabinete do governo japonês.
イチロー選手 (せんしゅ)	Suzuki Ichiro: Jogador de beisebol japonês. Jogou no Seattle Mariners de 2001 a 2012 e assinou contrato com o New York Yankees em meados de 2012 (ambos times da Major League Baseball).
スピルバーグ	Steven Spielberg: Americano, diretor e produtor de filmes. 1946-
「千両みかん」(せんりょう)	*Senryo Mikan*: Um dos contos clássicos de rakugo.

Lição 22

読む・書く

死亡記事	しぼうきじ	obituário
死亡[する]	しぼう[する]	morrer
手紙文	てがみぶん	gênero epistolar
依頼状	いらいじょう	carta de solicitação
死生観	しせいかん	ponto de vista sobre a vida e a morte
ディスカッション		discussão
通信手段	つうしんしゅだん	meios de comunicação
手段	しゅだん	meios
拝啓	はいけい	Prezado 〜
時下	じか	nesta ocasião
[ご]健勝	[ご]けんしょう	em boa saúde
小社	しょうしゃ	nossa companhia
目下	もっか	atualmente
類	るい	precedente
ネクロロジー		obituário
物故者	ぶっこしゃ	pessoa falecida
略伝	りゃくでん	curta biografia
編纂[する]	へんさん[する]	compilar
玉稿	ぎょっこう	contribuição valiosa
たまわる		ter a honra de receber
次第	しだい	razão
当の	とうの	o dito
本人	ほんにん	pessoa em questão
執筆[する]	しっぴつ[する]	escrever, redigir
点[という〜]	てん	ponto (no 〜 em que)
存命[中]	ぞんめい[ちゅう]	[enquanto ainda está] vivo
人物	じんぶつ	pessoa, figura
業績	ぎょうせき	realizações
辞世	じせい	morte

墓碑銘	ぼひめい	epitáfio
不謹慎	ふきんしん	indiscreto, sem educação
興味本位	きょうみほんい	sensacionalismo
推察[する]	すいさつ[する]	deduzir
死	し	morte
生	せい	vida
さらす		expor
集約[する]	しゅうやく[する]	resumir
人名事典	じんめいじてん	dicionário de antropônimos
記述[する]	きじゅつ[する]	descrição escrita
客観的[な]	きゃっかんてき[な]	objetivo
抱く	いだく	abrigar, conceber
別問題	べつもんだい	outra questão
承知[する]	しょうち[する]	estar ciente de
いっそ		antes, preferivelmente
隔てる	へだてる	passar, decorrer
中略	ちゅうりゃく	omissão
本書	ほんしょ	este livro
意図[する]	いと[する]	desejar alcançar, objetivar
敬具	けいぐ	Sinceramente
色は匂へどちりぬるを	いろはにおへ(え)どちりぬるを	"As flores desabrocham mas acabam murchando".
氏	し	ele/ela
生前	せいぜん	durante a vida, em sua vida
遺骨	いこつ	restos
三無主義	さんむしゅぎ	doutrina das "três faltas" (Originalmente, se refere às características dos jovens, ou seja, com falta de vontade, falta de interesse e falta de responsabilidade.)
主義	しゅぎ	princípio, doutrina
唱える	となえる	afirmar
遺書	いしょ	testamento
記す	しるす	mencionar
公言[する]	こうげん[する]	declarar publicamente

遺族	いぞく	familiares da pessoa falecida
忠実[な]	ちゅうじつ[な]	fiel
覆い隠す	おおいかくす	ocultar
生涯	しょうがい	vida
宗教	しゅうきょう	religião
通す	とおす	passar
満月	まんげつ	lua cheia
仰ぐ	あおぐ	olhar para cima
夢想[する]	むそう[する]	sonhar
はたして		realmente
最期	さいご	fim (morte)
定か[な]	さだか[な]	certo
悟る	さとる	perceber, reconhecer
心得	こころえ	conhecimentos
断食[する]	だんじき[する]	jejuar, abster-se
往生[する]	おうじょう[する]	falecer
現時点	げんじてん	no presente
すべ		maneira, meio
かねて		desde longo tempo antes
一握り	ひとにぎり	um punhado
散骨	さんこつ	espalhamento das cinzas de uma pessoa falecida
知友	ちゆう	amigos e conhecidos
遺灰	いはい	cinzas
みちすがら		durante o caminho
因縁	いんねん	conexão
散布[する]	さんぷ[する]	dispersar
愛唱句	あいしょうく	poema favorito
制作意図	せいさくいと	intenção em produzir
制作[する]	せいさく[する]	produzir
夢みる	ゆめみる	sonhar
山あり谷あり	やまありたにあり	altos e baixos
振り返る	ふりかえる	olhar para trás
功績	こうせき	façanhas, realizações

22

還暦	かんれき	60º aniversário
迎える[還暦を～]	むかえる[かんれきを～]	chegar [aos 60 anos de idade]
フェア		feira, evento
開催[する]	かいさい[する]	realizar
資金	しきん	fundos
団体	だんたい	grupo
御中	おんちゅう	Para:
時候	じこう	sazonal
趣旨	しゅし	propósito, objetivo
企画[する]	きかく[する]	fazer projeto, planejar
意義	いぎ	significado
依頼[する]	いらい[する]	requerer, solicitar
伝記	でんき	biografia

話す・聞く

ゼミ		seminário
文末	ぶんまつ	fim da sentença
遠慮がち	えんりょがち	modo cerimonioso/acanhado
意思	いし	vontade, intenção
議題	ぎだい	tópico da agenda
産む	うむ	ter (uma criança)
保育所	ほいくしょ	creche
ためらう		hesitar
せめて		no mínimo
給食	きゅうしょく	fornecimento de refeições
保育施設	ほいくしせつ	instalação de cuidados de crianças
～施設[保育～]	～しせつ[ほいく～]	instalação [de cuidados de crianças]
充実[する]	じゅうじつ[する]	intensificar, melhorar
無償	むしょう	livre de taxa, gratuito
恩恵	おんけい	benefício
不公平[感]	ふこうへい[かん]	[sentimento de] injustiça
核家族	かくかぞく	família nuclear
育児休暇	いくじきゅうか	licença para criação de filhos
育児	いくじ	criação/cuidados (de bebês)

子育て	こそだて	criação de filhos
積極的[な]	せっきょくてき[な]	ativo
放棄[する]	ほうき[する]	abandonar
イジメ		maus-tratos, "bullying"
任せる	まかせる	deixar por conta de
縛る	しばる	sujeitar
解消[する]	かいしょう[する]	resolver
カップル		casal
こだわる		importar-se, insistir
背景	はいけい	fundo
カギ[問題を解決する～]	[もんだいをかいけつする～]	chave [para solucionar um problema]
未婚	みこん	solteiro
晩婚	ばんこん	casamento tardio
発想[する]	はっそう[する]	ter ideias, conceber
転換[する]	てんかん[する]	mudar, converter
値上げ	ねあげ	aumento (de preço ou taxa)
居住～[～環境]	きょじゅう～[～かんきょう]	[ambiente de] vida, moradia
レベル		padrão, nível
年金	ねんきん	pensão
年金生活[者]	ねんきんせいかつ[しゃ]	vida com pensão [pensionista]
安易[な]	あんい[な]	fácil
スライド[する]		(alteração) em linha com, acompanhar
仕方[が]ない	しかた[が]ない	não ter outra opção
交わり	まじわり	relação
無駄遣い	むだづかい	desperdiçar, gastar com supérfluos
誘惑[する]	ゆうわく[する]	tentar, seduzir
日頃	ひごろ	habitualmente
オンラインゲーム		jogos online
率直[な]	そっちょく[な]	franco
意見交換	いけんこうかん	troca de opiniões
まとめ役	まとめやく	facilitador

22

文法・練習

共有[する]	きょうゆう[する]	compartilhar
移転[する]	いてん[する]	transferir
出席率	しゅっせきりつ	taxa de atendimento/assiduidade
運転免許証	うんてんめんきょしょう	carteira de habilitação
経済成長期	けいざいせいちょうき	período de (rápido) crescimento econômico
倍	ばい	dobro
皆様	みなさま	todos os senhores
国連	こくれん	Nações Unidas
通訳[する]	つうやく[する]	interpretar
左右[する]	さゆう[する]	afetar
乳幼児	にゅうようじ	bebê e criança (até a idade pré-escolar)
死亡率	しぼうりつ	taxa de mortalidade
生命体	せいめいたい	organismo, forma de vida
着用[する]	ちゃくよう[する]	usar, vestir
他人	たにん	outra pessoa
確実[な]	かくじつ[な]	confiável
発達[する]	はったつ[する]	desenvolver
地動説	ちどうせつ	heliocentrismo
信念	しんねん	convicção, fé
にこにこ[する]		sorrir
待ち望む	まちのぞむ	esperar por
めったに		raramente
よほど		bastante, consideravelmente
機嫌	きげん	humor, disposição
ストレス		estresse
たまる[ストレスが～]		acumular [estresse]
突く	つく	indicar, acertar, tocar
エコロジー		ecologia
思想	しそう	ideia, pensamento
まもなく		em breve
そうした		desse tipo
労働力	ろうどうりょく	mão de obra, força de trabalho

依存[する]	いそん[する]	depender
労働者	ろうどうしゃ	trabalhador
受け入れる	うけいれる	aceitar
労働条件	ろうどうじょうけん	condições de trabalho
労働	ろうどう	trabalho
整備[する]	せいび[する]	estabelecer, arrumar
天	てん	céu
パスワード		senha
地面	じめん	chão
凍る	こおる	congelar
王様	おうさま	rei
幼い	おさない	criança
貧しい	まずしい	pobre
援助[する]	えんじょ[する]	ajudar, dar assistência
刺激[する]	しげき[する]	estimular
食料	しょくりょう	provisões
不確か[な]	ふたしか[な]	não-confiável
児童公園	じどうこうえん	parque para crianças
児童	じどう	crianças
ブランコ		balança
滑り台	すべりだい	escorregador
甘やかす	あまやかす	mimar
予防接種	よぼうせっしゅ	vacina preventiva
生きがい	いきがい	significado de viver, prazer de viver
童話	どうわ	contos de fada

問題

意欲	いよく	vontade
公平[な]	こうへい[な]	justo
科目	かもく	disciplina, matéria
社会保障	しゃかいほしょう	seguridade social
爆発[する]	ばくはつ[する]	explodir
急増[する]	きゅうぞう[する]	aumentar rapidamente
雇用[する]	こよう[する]	empregar

22

貧困	ひんこん	pobreza
生む	うむ	causar, originar
深刻[な]	しんこく[な]	sério
フェスタ		festival
私ども	わたくしども	nós
協会	きょうかい	associação
展示[する]	てんじ[する]	exibir
詳細[な]	しょうさい[な]	detalhado
企画書	きかくしょ	proposta
打合わせ	うちあわせ	discussão preliminar
日程	にってい	cronograma
用件	ようけん	assunto
承諾[する]	しょうだく[する]	concordar, consentir
無気力[な]	むきりょく[な]	apático
無断	むだん	sem pedir permissão
満たす	みたす	satisfazer
再会[する]	さいかい[する]	reencontrar-se
玩具	がんぐ	brinquedo
粘り強い	ねばりづよい	persistente
要望[する]	ようぼう[する]	pedir, solicitar
息	いき	respiração
引き取る[息を〜]	ひきとる[いきを〜]	morrer, dar o último suspiro
褒めたたえる	ほめたたえる	elogiar
熱意	ねつい	entusiasmo
響く	ひびく	ressoar
鑑賞[する]	かんしょう[する]	apreciar
訴える	うったえる	fazer apelo

では、今日の議題、〜について話し合いたいと思います。	Então, gostaria de discutir sobre 〜 , o tópico de hoje.

Para dar início a uma discussão.

私は〜に反対です。	Eu sou contra 〜 .
〜より〜を〜べきじゃないでしょうか。	Mais do que 〜 , não se deve 〜 o(a) 〜 ?

その通りです。	Exatamente.
	Expressar concordância.
…のではなく、まず、…べきだと思います。	Em vez de ...., em primeiro lugar, creio que se deve ....
ですが、～さん。	Mas, Sr. ～ .
	Para indicar que, a partir daquele momento, vai falar uma opinião contrária.
それもそうですね。	Tem razão, também.
	Para expressar aprovação.
…なんじゃないでしょうか。	Não seria ....?
	Para falar uma opinião.
ではそろそろ意見をまとめたいと思います。	Então, gostaria de ir organizando as opiniões.
	Para terminar uma discussão.

山折哲雄	Yamaori Tetsuo: Filósofo e estudioso de religiões. 1931-
西行法師	Saigyo Hoshi: Poeta que viveu no fim da era Heian. 1118-1190
ガンジス川	Rio Ganges
ASEAN諸国	ASEAN (Associação das Nações do Sudeste da Ásia)
ガリレオ	Galileo Galilei: Físico e astrônomo italiano. 1564-1642
アンデルセン童話	Contos de Andersen: Série de contos infantis escritos pelo escritor Hans Christian Andersen.
「羅生門」	*Rashomon*: Filme japonês dirigido pelo diretor Kurosawa Akira, lançado em 1950.
「生きる」	*Ikiru*: Filme japonês dirigido pelo diretor Kurosawa Akira, lançado em 1952.

Lição 23

読む・書く

コモンズ		comuns
悲劇	ひげき	tragédia
地球市民	ちきゅうしみん	cidadãos do mundo
オゾン層	オゾンそう	camada de ozônio
熱帯雨林	ねったいうりん	floresta tropical
酸性雨	さんせいう	chuva ácida
生物	せいぶつ	ser(es) vivo(s)
絶滅[する]	ぜつめつ[する]	tornar-se extinto
大気汚染	たいきおせん	poluição atmosférica
大気	たいき	atmosfera
汚染[する]	おせん[する]	poluir
現れる	あらわれる	aparecer, surgir
共有地	きょうゆうち	terra comum
牧草	ぼくそう	pasto
羊	ひつじ	carneiro
あげる[利益を〜]	[りえきを〜]	obter [lucro]
試み始める	こころみはじめる	começar a tentar
試みる	こころみる	tentar
荒廃[する]	こうはい[する]	arruinar-se
捨て去る	すてさる	abandonar
投稿[する]	とうこう[する]	contribuir, escrever
懲りる	こりる	ter uma lição dolorosa, aprender com seus próprios erros
仕組み	しくみ	sistema
掟	おきて	regra
組み込む	くみこむ	colocar em, introduzir
物語	ものがたり	história
識者	しきしゃ	pessoa informada
規模	きぼ	escala

直結[する]	ちょっけつ[する]	ter uma conexão direta
普遍化	ふへんか	universalização
公共圏	こうきょうけん	domínio público
水資源	みずしげん	recursos hídricos
山林	さんりん	montanhas e florestas
河川	かせん	rios
酸素	さんそ	oxigênio
少々	しょうしょう	um pouco
海洋	かいよう	mar
神話	しんわ	mitologia
道徳	どうとく	moral
支え	ささえ	apoio
自然科学	しぜんかがく	ciências naturais
人文科学	じんぶんかがく	ciências humanas
織りまぜる	おりまぜる	combinar
ジレンマ		dilema
掘り下げる	ほりさげる	ir até o fundo, investigar a fundo
制御[する]	せいぎょ[する]	controlar
無数の	むすうの	inúmeros
相互作用	そうごさよう	interação
解決策	かいけつさく	solução
農耕	のうこう	agricultura
教訓	きょうくん	lição
灌漑	かんがい	irrigação
土壌	どじょう	solo
塩類	えんるい	sais
集積[する]	しゅうせき[する]	acumular
縮小[する]	しゅくしょう[する]	encolher
海浜	かいひん	costa, litoral
消失[する]	しょうしつ[する]	desaparecer
等々	とうとう	etc., etc.
数えあげる	かぞえあげる	enumerar
きり[〜がない]		fim [não há 〜 para isso]
つけ		conta a pagar, dívida

事象	じしょう	acontecimento, fenômeno
明確[な]	めいかく[な]	claramente identificável
確率	かくりつ	probabilidade
明らか[な]	あきらか[な]	evidente, óbvio
不可欠[な]	ふかけつ[な]	indispensável
段階	だんかい	estágio
記号	きごう	símbolo
荒れる	あれる	arruinar-se, devastar-se
植物	しょくぶつ	planta, vegetal
生育[する]	せいいく[する]	crescer
工業	こうぎょう	indústria
種々	しゅじゅ	vários
チェックシート		folha de verificação
温度設定	おんどせってい	ajuste de temperatura
温度	おんど	temperatura
設定[する]	せってい[する]	ajustar

話す・聞く

クマゲラ		pica-pau preto
林道	りんどう	caminho na mata
鳥類	ちょうるい	aves, pássaros
生息地	せいそくち	habitat
経緯	けいい	circunstâncias que levam a
決意[する]	けつい[する]	resolver
棲む	すむ	viver（o pica-pau preto〜）
啄木鳥	きつつき	pica-pau
しっぽ		cauda
羽毛	うもう	pluma
スケッチ[する]		desenhar
偶然	ぐうぜん	casualidade, acaso
ブナ		faia
原生林	げんせいりん	floresta virgem
多種多様	たしゅたよう	uma grande variedade
動植物	どうしょくぶつ	flora e fauna
使い道	つかいみち	forma de uso

木材	もくざい	madeira
狭める	せばめる	reduzir
保護[する]	ほご[する]	proteger
巣作り	すづくり	ato de fazer um ninho
ねぐら		ninho, toca
天然記念物	てんねんきねんぶつ	monumento natural
危ぐ[する]	きぐ[する]	preocupar-se, recear
種[絶滅危ぐ～]	しゅ[ぜつめつきぐ～]	espécie [em perigo de extinção]
世界自然遺産	せかいしぜんいさん	Sítio do Patrimônio Mundial Natural
自然遺産	しぜんいさん	herança natural
農地	のうち	terreno agrícola
拡大[する]	かくだい[する]	expandir
変動[する]	へんどう[する]	mudar
絡みあう	からみあう	entrelaçar-se
持続[する]	じぞく[する]	sustentar
食糧	しょくりょう	alimento
清聴	せいちょう	audição calma e atenta
砂浜	すなはま	praia
打ち寄せる	うちよせる	bater, banhar
現状	げんじょう	situação atual
街並み	まちなみ	ruas
故郷	こきょう	cidade natal
たびたび		frequentemente
自国	じこく	seu próprio país
引き寄せる	ひきよせる	direcionar, levar
事例	じれい	exemplo

文法・練習

国内	こくない	doméstico
実り	みのり	colheita, fruto
学力	がくりょく	capacidade acadêmica
努力家	どりょくか	esforçado
非常時	ひじょうじ	em uma emergência
本店	ほんてん	matriz
閉店[する]	へいてん[する]	fechar

ワールドカップ		Copa do Mundo
転ばぬ先の杖	ころばぬさきのつえ	"Mais vale prevenir do que remediar". (lit.: Andar usando a bengala antes de cair.)
杖	つえ	bengala
朝令暮改	ちょうれいぼかい	vacilação (fazer uma decisão e logo mudá-la)
品	しな	artigo
愛情	あいじょう	afeição, amor
引っ張る	ひっぱる	liderar
進む[調べが～]	すすむ[しらべが～]	dar prosseguimento [à investigação]
機器	きき	dispositivo, equipamento
薄れる[悲しみが～]	うすれる[かなしみが～]	[a tristeza] tornar-se menor, diminuir
高まる[緊張が～]	たかまる[きんちょうが～]	[a tensão] aumentar
染まる	そまる	ser tingido
訪ねる	たずねる	visitar
イエス		sim
真偽	しんぎ	verdadeiro ou falso
火災	かさい	incêndio
スプリンクラー		sprinkler (chuveiro contra incêndio)
設置[する]	せっち[する]	instalar
義務[づける]	ぎむ[づける]	tornar obrigatório, obrigar
通学[する]	つうがく[する]	ir à escola
親友	しんゆう	grande amigo
食物	しょくもつ	alimento
社会科	しゃかいか	estudos sociais
地理	ちり	geografia
ジュードー		judô
ニンジャ		ninja
ホストファミリー		família anfitriã
フナずし		arroz cozido com fatias de carpa carássio salgada e fermentada
ドリアン		durian

問題

農家	のうか	agricultor
蓄える	たくわえる	armazenar
蒸発[する]	じょうはつ[する]	evaporar-se
洪水	こうずい	inundação
仲人	なこうど	casamenteiro
河口	かこう	estuário
カキ		ostra
漁師	りょうし	pescador
栄養分	えいようぶん	nutrientes
循環[する]	じゅんかん[する]	circular
サケ		salmão
取り込む	とりこむ	absorver
まさに[その時]	[そのとき]	exatamente [naquele momento]
見守る	みまもる	sustentar, proteger
消費[する]	しょうひ[する]	consumir
電化製品	でんかせいひん	aparelho elétrico
照明器具	しょうめいきぐ	aparelho de iluminação
蛍光灯	けいこうとう	lâmpada fluorescente
風通し	かぜとおし	ventilação

それがきっかけで…ようになりました。	Esse acontecimento levou a ….
さて、〜ではどうでしょうか。	Então, vamos ver como seria em 〜 ?
	Para mudar de assunto.
(悲しい)ことに、……。	Por (infelicidade), ….
	Para expressar seu sentimento (antecipadamente) em relação ao assunto que vai falar a partir desse momento.

イソップ物語	Fábulas de Esopo: Coleção de histórias alegóricas que são ditas terem sido escritas por Esopo.
メソポタミア	Mesopotâmia
アラル海	Mar Aral

和田英太郎	Wada Eitaro: Cientista japonês de estudos da terra. 1939-
秋田	Akita: Província na parte oeste da região de Tohoku que se defronta com o Mar do Japão.
シェークスピア	William Shakespeare: Dramaturgo e poeta britânico. 1564-1616
「ハムレット」	*Hamlet*: Uma das quatro grandes tragédias de Shakespeare
慶応義塾大学	Universidade Keio: Universidade particular do Japão, fundada por Fukuzawa Yukichi.
福沢諭吉	Fukuzawa Yukichi: Pensador e pedagogo. 1834-1901
ピラミッド	Pirâmides
ナスカの地上絵	Linhas de Nazca: Formas geométricas e desenhos de plantas e animais no solo de um planalto no Peru.
ネッシー	Monstro do Lago Ness: Monstro que é dito estar vivendo no lago Ness, na Escócia.
バミューダ・トライアングル	O Triângulo das Bermudas: Uma área triangular no mar entre Porto Rico, Bermudas e a ponta da península de Flórida. Desde antigamente, existe uma lenda de que navios e aviões desaparecem misteriosamente nessa localidade.

Lição 24

読む・書く

型	かた	tradição, sistema
はまる[型に～]	[かたに～]	conformar-se [em uma tradição]
好奇心	こうきしん	curiosidade
忍耐[力]	にんたい[りょく]	tenacidade
就職試験	しゅうしょくしけん	exame de admissão em um emprego
面接[する]	めんせつ[する]	entrevistar
約束事	やくそくごと	acordo, regra (social)
守る[約束を～]	まもる[やくそくを～]	cumprir [um acordo]
服装	ふくそう	roupas
TPO	ティーピーオー	time, place and occasion (hora, local e ocasião)
[お]能	[お]のう	Noh
破る[型を～]	やぶる[かたを～]	quebrar, ignorar [uma tradição]
とかく		tender a
見渡す	みわたす	olhar em volta
あらざるもの		não ser
衣類	いるい	roupas
しばり上げる	しばりあげる	sujeitar, restringir
人跡	じんせき	traços humanos
絶える	たえる	desaparecer, apagar-se
山奥	やまおく	nas profundezas da montanha
面倒くさい	めんどうくさい	cansativo, enfadonho
こんがらかる		desordenado, enredado
糸	いと	fio
ズタズタ[に]		rasgado, fragmentado
切りさく	きりさく	cortar, rasgar
社会人	しゃかいじん	membro adulto da sociedade
たる[社会人～]	[しゃかいじん～]	aqueles que se dizem ser [membros adultos da sociedade]
なんといおうと		seja como for, enfim

不自由[な]	ふじゆう[な]	sem liberdade, com restrições
うらやむ		invejar
天才	てんさい	gênio
話相手	はなしあいて	pessoa com quem conversar
そうかといって		ainda assim, todavia
まぎらわす		distrair, desviar
切実[な]	せつじつ[な]	severo, urgente
たより		algo do qual uma pessoa depende
茶杓	ちゃしゃく	colher para tirar chá
一片	いっぺん	pedaço, fragmento
肉体	にくたい	corpo
まかせきる		incumbir, confiar totalmente
愛用[する]	あいよう[する]	usar muito, gostar de usar
滅びる	ほろびる	perecer, acabar
鐘[お寺の〜]	かね[おてらの〜]	sino [do templo]
余音	よいん	reverberação, ressonância
とどめる		permanecer, continuar
後の[〜人々]	のちの[〜ひとびと]	[pessoas] que vêm depois, sucessores
おろか[な]		tolo
しのぶ		sentir nostalgia por, recordar-se de algo com saudade
でっち上げる	でっちあげる	inventar, imaginar
唯一	ゆいいつ	único
近づく[利休へ〜]	ちかづく[りきゅうへ〜]	chegar perto de [Rikyu]
ほんと		a verdade
けっとばす		chutar, rejeitar
たしなみ		conhecimento, apreciação
もと[間違いの〜]	[まちがいの〜]	origem [do erro]
後世	こうせい	posteridade
残す[後世へ〜]	のこす[こうせいへ〜]	deixar [para a posteridade]
凡人	ぼんじん	mortal comum
生産[する]	せいさん[する]	produzir
獲得[する]	かくとく[する]	obter, ganhar

話す・聞く

制作会社	せいさくがいしゃ	companhia de produção
志望[する]	しぼう[する]	aspirar
志望動機	しぼうどうき	motivo para requerer
意志	いし	desejo, vontade
告げる	つげる	dizer
当社	とうしゃ	nossa companhia
御社	おんしゃ	sua companhia
事業	じぎょう	operações
農産物	のうさんぶつ	produtos agrícolas
調達[する]	ちょうたつ[する]	obter, conseguir
確保[する]	かくほ[する]	assegurar
win-win[な]	ウィンウィン[な]	win-win (situação em que "nós ganhamos e vocês também ganham")
感銘[する]	かんめい[する]	ficar profundamente impressionado
弊社	へいしゃ	nossa companhia
カップ麺	カップめん	cup noodle (talharim em copo)
出会い	であい	encontro
香り	かおり	aroma
衝撃的[な]	しょうげきてき[な]	chocante
自炊[する]	じすい[する]	fazer a própria comida
レトルト食品	レトルトしょくひん	comida empacotada em embalagem retort
手に入る	てにはいる	obter
贅沢[な]	ぜいたく[な]	extravagante, luxuoso
なるほど		com razão, entendo
ついていく[授業に～]	[じゅぎょうに～]	acompanhar [a aula]
流れる[コマーシャルが～]	ながれる	[comercial] ser mostrado
科学技術	かがくぎじゅつ	ciências e tecnologia
就く[仕事に～]	つく[しごとに～]	empregar-se, assumir [um cargo de trabalho]
携わる	たずさわる	ser envolvido em
職種	しょくしゅ	tipo de trabalho
専門性	せんもんせい	especialização

24

専攻[する]	せんこう[する]	especializar-se
アミノ酸	アミノさん	aminoácido
卒論	そつろん	tese de graduação
応用[する]	おうよう[する]	aplicar
実績	じっせき	realização
医薬品	いやくひん	produto farmacêutico
化粧品	けしょうひん	cosmético
健康食品	けんこうしょくひん	produto de saúde
積む[経験を〜]	つむ[けいけんを〜]	acumular, juntar [experiência]
突っ込む	つっこむ	apontar
切り返す	きりかえす	contraatacar
インストラクター		instrutor
配属[する]	はいぞく[する]	ser designado/disposto
配偶者	はいぐうしゃ	cônjuge
短所	たんしょ	ponto fraco, defeito
長所	ちょうしょ	ponto forte, qualidade
適性	てきせい	aptidão
有無	うむ	existência ou não existência
否定的[な]	ひていてき[な]	negativo

文法・練習

許す	ゆるす	aceitar
ねじ		parafuso
人工衛星	じんこうえいせい	satélite artificial
J-pop	ジェー・ポップ	J-pop (música popular japonesa)
当店	とうてん	nossa loja
ジャンル		gênero
胸[母親の〜]	むね[ははおやの〜]	peito, colo [da mãe]
座り込む	すわりこむ	cair em, sentar-se
協力[する]	きょうりょく[する]	colaborar
別れ[永遠の〜]	わかれ[えいえんの〜]	despedida [final]
神	かみ	Deus
ウォーター		água
開店[する]	かいてん[する]	abrir (a loja)

チーズ		queijo
やぎ乳	やぎにゅう	leite de cabra
非常用	ひじょうよう	em caso de emergência
何とかなる	なんとかなる	levar de algum jeito, conduzir de alguma maneira, dar um jeito
グラウンド		campo de jogo
前方	ぜんぽう	à frente, na dianteira
出る[結論が～]	でる[けつろんが～]	chegar-se a [uma conclusão]
了承[する]	りょうしょう[する]	consentir
起こす[行動を～]	おこす[こうどうを～]	tomar [uma ação]
銭湯	せんとう	banho público
下駄	げた	tamanco de madeira japonês
押し切る	おしきる	ousar, atrever-se
励む	はげむ	dedicar-se
昔々	むかしむかし	muito, muito tempo atrás
失恋[する]	しつれん[する]	ter uma desilusão amorosa
熱心[な]	ねっしん[な]	entusiasta, esforçado
恐怖	きょうふ	medo
沈黙	ちんもく	silêncio

問題

就職活動	しゅうしょくかつどう	procura de emprego
比較[する]	ひかく[する]	comparar
従事[する]	じゅうじ[する]	dedicar-se, ocupar-se
推薦[する]	すいせん[する]	recomendar
ＴＯＥＩＣ	トーイック	TOEIC
全力	ぜんりょく	toda a força de uma pessoa
運営[する]	うんえい[する]	coordenar
履歴書	りれきしょ	curriculum vitae, histórico
特技	とくぎ	habilidade especial
給与	きゅうよ	salário
岐路	きろ	encruzilhada
最寄り	もより	mais próximo
道筋	みちすじ	rota

24

ルート		rota
仕事場	しごとば	local de trabalho
遠回り	とおまわり	longa volta
飲み会	のみかい	reunião para beber
選択[する]	せんたく[する]	escolher
彼我	ひが	a minha parte e a outra, eles e nós
効率	こうりつ	eficiência
優先[する]	ゆうせん[する]	priorizar
通行[する]	つうこう[する]	passar, fazer passagem
長い目	ながいめ	perspectiva a longo prazo
人柄	ひとがら	caráter
帰結	きけつ	consequência
旅路	たびじ	viagem
いつしか		despercebidamente
昆虫採集	こんちゅうさいしゅう	coleção de insetos
昆虫	こんちゅう	inseto
蝶道	ちょうどう	rota de voo da borboleta
網	あみ	rede
構える	かまえる	estar preparado
アゲハチョウ		borboleta papilio
木立	こだち	pequeno bosque
暗がり	くらがり	escuridão
日照	にっしょう	iluminação solar
食草	しょくそう	vegetal que serve de alimento às larvas
メス		fêmea
待ち構える	まちかまえる	esperar a postos
収める	おさめる	capturar
理屈	りくつ	lógica
虫網	むしあみ	rede para capturar borboletas

…ことに感銘(かんめい)を受(う)け、ぜひ御社(おんしゃ)で働(はたら)きたいと思いました。

Tendo ficado impressionado com …., pensei que gostaria de trabalhar nesta companhia de qualquer maneira.

Para falar seus desejos e motivos em uma entrevista para ingressar em uma companhia.

確かに……。しかし、……。　　　　　　Realmente .... Mas, ...

> Para expressar uma nova opinião, demonstrando sua compreensão em relação à ideia da outra parte.

利休 (りきゅう)　　Sen no Rikyu: Mestre de cerimônia de chá na era de Azuchi-Momoyama, que serviu a Oda Nobunaga e Toyotomi Hideyoshi. 1522-1591

世阿弥 (ぜあみ)　　Zeami Motokiyo: Artista e escritor de teatro Noh que viveu no início da era Muromachi e que aperfeiçoou a arte de Noh. Por volta de 1363-1443

白洲正子 (しらすまさこ)　　Shirasu Masako: Autora de ensaios literários. 1910-1998

プッチーニ　　Giacomo Puccini: Compositor italiano, que compôs a ópera *Madame Butterfly*. 1858-1924

Um Pouco Mais de Gramática

当日	とうじつ	o presente dia, esse dia
水不足	みずぶそく	falta de água
制限[する]	せいげん[する]	restringir
みな / みんな		todos
移民[する]	いみん[する]	imigrar
人権	じんけん	direitos humanos
最低	さいてい	no mínimo
欠席[する]	けっせき[する]	faltar, ausentar-se
和菓子	わがし	doce japonês
割引[〜料金]	わりびき[〜りょうきん]	[preço] com desconto
休館	きゅうかん	fechado (museu, biblioteca, etc.)
クリニック		clínica
診療科	しんりょうか	departamento de tratamento especializado
総合病院	そうごうびょういん	hospital/instituição médica geral
病状	びょうじょう	condição da doença
無口[な]	むくち[な]	quieto, calado
楽観的[な]	らっかんてき[な]	otimista
農村	のうそん	zona rural
プライド		orgulho
傷つきやすい	きずつきやすい	delicado
ハンドバッグ		bolsa
昨晩	さくばん	ontem à noite
職場	しょくば	local de trabalho
寝不足	ねぶそく	falta de sono
ダイヤ		tabela de horário de trens
大幅[な]	おおはば[な]	sério, grave
乱れる	みだれる	tornar-se irregular, desordenar
はやる		propagar-se (a epidemia)
待合室	まちあいしつ	sala de espera
混雑[する]	こんざつ[する]	encher-se, ficar lotado
市内	しない	dentro da cidade

直行便	ちょっこうびん	direto (voo, ônibus, etc.)
百薬	ひゃくやく	quaisquer remédios
退院[する]	たいいん[する]	receber alta do hospital
止む	やむ	parar
観客	かんきゃく	espectador, pessoa
未成年	みせいねん	menor de idade
一人暮らし	ひとりぐらし	pessoa que vive sozinha
批判[する]	ひはん[する]	criticar
横になる	よこになる	deitar-se
宝石	ほうせき	pedra preciosa
言い当てる	いいあてる	advinhar, acertar
言い終わる	いいおわる	terminar de falar
申請[する]	しんせい[する]	requerer, solicitar
ボトム・アップ方式	ボトム・アップほうしき	sistema de tomada de decisão "de baixo para cima"
方式	ほうしき	sistema
ついでに		nesta oportunidade, aproveitando
保つ	たもつ	manter
周囲	しゅうい	as pessoas em volta
抱きしめる	だきしめる	abraçar
代わる	かわる	substituir, no lugar de
燃料	ねんりょう	combustível
支援者	しえんしゃ	torcedores, apoiadores, simpatizantes
声援[する]	せいえん[する]	torcer, apoiar, aclamar
先立つ	さきだつ	preceder, antecipar
両家	りょうけ	ambas as famílias
親族	しんぞく	parentes
起業[する]	きぎょう[する]	abrir um negócio
食生活	しょくせいかつ	dieta, vida alimentar
成人病	せいじんびょう	doenças relacionadas com o estilo de vida
治療[する]	ちりょう[する]	tratar
統廃合	とうはいごう	consolidação e eliminação
都市整備	としせいび	implementação urbana
急ピッチ	きゅうピッチ	passos rápidos

実話	じつわ	história verídica
さんざん		terrível, bastante
賃貸	ちんたい	aluguel
免除[する]	めんじょ[する]	isentar
暗算[する]	あんざん[する]	fazer contas de cabeça
スピード		velocidade
反する	はんする	ir contra
マニフェスト		manifesto, promessa eleitoral
掲げる	かかげる	declarar, anunciar
堅苦しい	かたくるしい	formal
ざっくばらん[な]		franco, aberto
ワサビ		wasabi
車種	しゃしゅ	modelo (de um veículo)
問う	とう	questionar
高額	こうがく	alto preço
買い取り	かいとり	compra
停滞[する]	ていたい[する]	estagnar
中心	ちゅうしん	centro, principal
理系	りけい	ciência
学部	がくぶ	departamento
墓地	ぼち	cemitério
めぐる		em relação a
長男	ちょうなん	primogênito, filho mais velho
次男	じなん	segundo filho mais velho
法廷	ほうてい	tribunal
争う	あらそう	disputar
何事	なにごと	qualquer coisa, tudo
真心	まごころ	sinceridade
合計	ごうけい	total
就職活動	しゅうしょくかつどう	procura de emprego
ぺらぺら		fluentemente
万能	ばんのう	onipotente, completo, polivalente
必修科目	ひっしゅうかもく	matéria compulsória
必修	ひっしゅう	compulsório

単位	たんい	crédito
チヂミ		chijimi (panqueca ao estilo coreano)
戦前	せんぜん	antes da Segunda Grande Guerra
公表[する]	こうひょう[する]	anunciar
夕食	ゆうしょく	jantar, ceia
次回	じかい	próxima vez
校外学習	こうがいがくしゅう	aula externa
定休日	ていきゅうび	dia de folga
集い	つどい	ajuntamento, reunião
気	き	mente
まね		imitação
コーヒー豆	こーひーまめ	(grão de) café
豆	まめ	grão
傷だらけ	きずだらけ	cheio de danos
案	あん	plano
熱っぽい	ねつっぽい	parecer febril
放送局	ほうそうきょく	emissora de transmissão
わが社	わがしゃ	nossa companhia
金持ち	かねもち	pessoa rica
漫才	まんざい	manzai (diálogo cômico japonês)
コンビ		combinação, dupla
一応	いちおう	em princípio, no mínimo
解ける	とける	resolver
渇く	かわく	ficar com sede
祈る	いのる	orar, rezar
立地[～条件]	りっち[～じょうけん]	[condições] de localização
週休	しゅうきゅう	feriado semanal
～制	～せい	sistema de ～
国家	こっか	nação
劣る	おとる	ser inferior
迷路	めいろ	labirinto
一面	いちめん	toda a superfície, por todas as partes, todo
見張る	みはる	maravilhar-se, assustar-se
ライフスタイル		estilo de vida

身勝手[な]	みがって[な]	egoísta
勝手[な]	かって[な]	egoísta
定期的[な]	ていきてき[な]	regular
肥料	ひりょう	fertilizante, adubo
顔色	かおいろ	cor do rosto
食べかけ	たべかけ	alimento comido pela metade/meio comido
氷	こおり	gelo
やりぬく		executar, conseguir até o final
政治犯	せいじはん	criminoso político
逮捕[する]	たいほ[する]	prender
強いる	しいる	forçar, obrigar
見事[に]	みごと[に]	espetacularmente, notavelmente

Parte 2
Notas Gramaticais

Lição 13

読む・書く

1. 来日し**たて**の頃、いつもリュックに辞書を詰めて、池袋の街を歩きながら、看板を解読していた。

「〜たて」expressa que a situação se encontra num momento logo após a ocorrência de uma circunstância (〜) e indica que essa situação tem a qualidade de ser「新鮮だ、未熟だ」(fresca ou imatura) ou outras.

① 田中さんはまだ入社したてですから、この会社のことがよく分かりません。

   O Sr. Tanaka recém entrou na companhia, assim, ele ainda não conhece muitos detalhes.

② 結婚したての頃、夫はどんな料理でも「おいしい」と言って食べてくれた。

   Quando recém me casei, meu marido comia qualquer comida feita por mim dizendo "está deliciosa".

③ しぼりたての牛乳はおいしい。

   O leite recém tirado da vaca é gostoso.

2. **たとえ**「月極」と書いてあっ**ても**、ぼくの内なる声は読み違えたりしない。

「たとえ〜ても、…」indica que se supõe um exemplo extremo e que a consequência declarada após esse exemplo se realizará ainda que ocorra tal caso. Isso inclui a nuance「どんな場合であっても〜」, que implica que as mesmas consequências também ocorrerão em todas as situações similares ao exemplo extremo.

① たとえ今回の実験に失敗しても、またチャレンジするつもりだ。

   Mesmo que falhe nesta experiência, pretendo tentar novamente.

② たとえ大きな地震が起きても、壊れない丈夫な家が欲しい。

   Quero ter uma casa resistente que não se destrua mesmo que ocorra um grande terremoto.

③ たとえ値段が高くても、質が良ければ売れるはずだ。

   Se a qualidade for boa, mesmo que o preço seja alto, o produto deverá ser bem vendido.

Em caso de se conectar com um adjetivo- な ou um substantivo, usa-se a forma「たとえ〜でも」.

④ たとえ貧乏でも、家族が健康で一緒にいられれば幸せだ。

   Mesmo pobre, se a família viver unida e com saúde, eu me sentirei feliz.

3. たとえ「月極」と書いてあっても、ぼくの内なる声は読み違え**たりしない**。

「〜たりしない」expressa que não é tomada uma ação extrema. Embora「普通は〜する」seja esperada, resulta em uma conexão inesperada「〜しない」.「〜たりしない」implica que não se faz nenhuma analogia dessa conexão inesperada「〜」.

① あの社長は一度やると決めたら、何があってもやめたりしない。

Uma vez que tenha decidido, haja o que houver, aquele presidente não desistirá nem tomará alguma ação similar.

② お母さん、怒らない？
…試験の点数なんかで怒ったりしませんよ。

Mamãe, você não vai ficar brava?

Não vou ficar brava nem fazer nada por causa de uma nota no exame.

4. のみこむのに苦労した日本語は、佃煮にする**ほど**あった。

```
V forma-dic
S
Aい           + ほど
Aな
```

「～ほど…」expressa através de metáfora a intensidade de 「…」 indicando um exemplo extremo 「～」. Por exemplo, em ①, através do exemplo extremo 「涙が出る」, expressa-se por metáfora a intensidade do grau em relação a 「このカレーは辛い」.

① このカレーは涙が出るほど辛い。

Este caril é tão picante que saem lágrimas.

② 昨夜はシャワーを浴びずに寝てしまうほど疲れていた。

Ontem à noite, estava tão cansado que acabei dormindo sem tomar um banho de chuveiro.

③ 今年は暖かかったので捨てるほどミカンがとれた。

Este ano foi muito quente e deu tantas tangerinas que dava para jogar fora.

Também conecta-se com a forma- ない.

④ 入学試験の結果がなかなか届かない。夜眠れないほど心配だ。

O resultado de aprovação no exame vestibular está demorando a chegar. Estou tão preocupado que não consigo nem dormir.

Também conecta-se com adjetivo- い ou adjetivo- な.

⑤ 妻は若い頃、まぶしいほどきれいだった。

Quando jovem, minha esposa era tão linda que chegava a reluzir.

⑥ 彼は異常なほどきれい好きだ。

Ele gosta tanto de asseio que chega a ser anormal.

Na linguagem falada, algumas vezes, emprega-se 「くらい」, que dá uma nuance um pouco informal.

⑦ あの先生に教えてもらうと、不思議な{ほど／くらい}よく分かる。

Recebendo aulas daquele professor, entendo tão bem que chega a ser incrível.

話す・聞く

5. いずみさんの結婚式でスピーチをした**んだって**？

「〜んだって？」é uma expressão que combina「〜んだ（＝のだ）」e a forma usada para indicar rumores「って（＝そうだ）」, e é empregada na linguagem informal.

① 大学院の試験に合格したんだって？ おめでとう。

Ouvi dizer que passou no exame de ingresso no curso de pós-graduação. Meus parabéns!

② 山田さん、会社を辞めるんだって？

…ええ。辞めて何をするんでしょう。

Ouvi dizer que o Sr. Yamada vai sair da companhia. É verdade?

Pois é. Mas, o que será que ele vai fazer deixando a companhia?

6. 大阪に住んでい**ながら**、まだお好み焼きを食べたことがないんです。

V forma- ます －ます
S/A な
A い
$\Big\} +$ ながら

「XながらY」conecta X e Y em uma relação de conjunção adversativa "é X, mas Y", contradizendo a expectativa de「Xならば普通はYない」. X pode ser um verbo de ação de forma- ている, ou um verbo de estado de forma- ない.

① あの人は、医者でありながら、健康に悪そうなものばかり食べている。

Embora ele seja médico, come somente coisas que parecem prejudiciais à saúde.

② 先生は、事件のことを知っていながら、何も言わなかった。

Embora nossa professora soubesse do incidente, não falou nada.

③ 甘いものはいけないと思いながら、目の前にあると食べてしまうんです。

Embora saiba que doces não fazem bem para mim, quando eles estão em frente dos meus olhos, acabo comendo-os.

「ながらも」se usa para enfatizar uma conexão relatada que é, normalmente, impossível.

④ 彼は日本語がほとんど話せないながらも、身ぶりで言いたいことを伝えようとしていた。

Mesmo não falando quase nada de japonês, ele tentava transmitir, com gestos, o que queria dizer.

7. つまり、歌って暮らせばいいことがいっぱいあるってことです。

$$\text{つまり、} \begin{Bmatrix} \text{V} \\ \text{A い} \\ \text{A な} \\ \text{S [ーだ]} \end{Bmatrix} \begin{matrix} \text{forma simples} \\ \\ \text{forma simples} \end{matrix} + \text{という／ってことだ}$$

「つまり」usa-se juntamente com a expressão de término da oração「…ということだ」para indicar que a explicação precedente está sendo resumida de forma a ser compreendida facilmente.

① この大学の学生は約1万人で、うち留学生は約1,000人である。つまり、1割は留学生ということだ。

Há cerca de 10.000 estudantes nesta universidade, e aproximadamente 1.000 deles são do exterior. Em suma, 10% são estudantes estrangeiros.

② 休暇は1年に12日あります。つまり1か月に1日は休めるということです。

Há 12 feriados em um ano. Em suma, podemos descansar um dia por mês.

③ 僕の父と太郎のお父さんは兄弟だ。つまり、僕と太郎はいとこ同士ってことだ。

Meu pai e o pai de Taro são irmãos. Isso significa que eu e Taro somos primos.

Essa expressão pode também dar uma explicação adicional, falando em outras palavras ou mudando a frase.

④ あの人は私の大叔父、つまり祖父の弟だ。

Ele é meu tio-avô, ou seja, é o irmão mais novo do meu avô.

⑤ この会社は社長の息子が次の社長になることになっている。つまり、私たち社員は頑張っても社長になれないということだ。

Nesta companhia, o filho do presidente será o próximo presidente. Em outras palavras, mesmo que nós, os funcionários, nos esforcemos, não poderemos nos tornar presidente.

Expressões como「のだ」podem ser usadas para terminar a oração iniciada com「つまり」. Nesse caso, usa-se「のだ」para falar em outras palavras.

⑥ このサイトは、会員以外のお客様にはご覧いただけないことになっている。つまり、会員限定のサイトなのだ。

Este website não pode ser visto por visitantes não cadastrados. Ou seja, é um website exclusivo para os seus membros.

8. 「辛党(からとう)」は「甘党(あまとう)」の反対(はんたい)だと思ってたの**よね**。

```
V    ⎫
A い ⎬  forma simples ⎫
A な ⎬  forma simples ⎬ + よね。
S    ⎭       ーだ      ⎭
```

Usa-se「…よね」para tentar obter uma resposta com simpatia, reconfirmando algo que é do conhecimento tanto do falante como do ouvinte e compartilhando um entendimento comum sobre o assunto.

① 冬の寒い朝ってなかなかベッドから出られないよね。…うん。
　　 É difícil sair da cama nas manhãs frias de inverno, não é?　... Sim.

② パーティは楽しいけど、帰るときが寂(さび)しいんですよね。…そうですよね。
　　 As festas são divertidas, mas dá uma tristeza na hora de ir embora, não é? ... É mesmo.

③ ポテトチップスって食べ始めると、なかなかやめられないんだよね。…本当(ほんとう)に。
　　 Uma vez que você começa a comer batatas fritas, é difícil parar, não é? ... É verdade.

Lição 14

読む・書く

1. テレビアニメの魅力を考える際、マンガの存在を無視して語ることはできない。

「～際」significa mais ou menos o mesmo que「～とき」, mas, é uma expressão usada principalmente na linguagem escrita.

① 外出の際、必ずフロントに鍵をお預けください。

Quando sair do hotel, por favor, deixe sem falta a chave do quarto na recepção.

② ＰＣをお使いの場合は、チェックインの際、必ずお申し出ください。

Se for usar o computador pessoal, avise, sem falta, na hora de fazer o "check-in".

2. そのどれもが、『ドラゴンボール』といったヒット作品をめざしている。

Esta oração indica que S₁ é um exemplo específico de S₂, no sentido de「S₁などのようなS₂」. Isso implica que existem também outros exemplos à parte de S₁.

① 5月5日には「ちまき」「かしわもち」といった昔からの菓子を食べる習慣がある。

No dia 5 de maio, existe, desde antigamente, o costume de comer petiscos tais como "chimaki" e "kashiwamochi".

② この大学にはルーマニア、ポーランドといった東ヨーロッパからの留学生が多い。

Nesta universidade, há muitos estudantes de países da Europa Oriental, tais como a Romênia e a Polônia.

3. 1秒にも満たない動作の間に主人公の頭に浮かんだ光景が10分間に（も）わたって描かれる。

「～に（も）わたって」indica que o falante sente que a extensão do horário é longa, ou do local é ampla.

① 手術は3時間にわたって行われた。

A cirurgia durou 3 horas.

② 砂漠は東西450キロにわたって広がっている。

O deserto se estende por 450 km do leste ao oeste.

O verbo que vem como predicado é um verbo com o qual é possível se indicar uma situação que ocorre de uma só vez em uma determinada área.

③ 東京から大阪にわたる広い地域で地震があった。

Houve um terremoto em uma ampla área que abrange desde Tóquio a Osaka.

④ パンフレットには投資の方法について詳細にわたって説明されている。
O método de investimento é explicado em detalhes no panfleto.

「～から～にわたって」indica uma extensão aproximada da área, deste modo, sua nuance difere de「～から～まで」, que indica uma extensão definida.

⑤ 駅前から商店街にわたって水道工事中だ。
Estão fazendo obras de águas desde em frente da estação ao centro comercial.

4. 年月を経る**うちに**、今やアニメはなくてはならない娯楽となっている。

V forma-dic ／ている ＋ うちに

「～うちに…」(enquanto) expressa que se leva naturalmente a um estado「…」que vem depois, através de「繰り返し～すること (fazer repetidamente「～」)」ou「ずっと～すること (fazer continuamente「～」)」. Para「～」, usam-se expressões tais como「ている」ou「続ける」, que indicam repetição ou continuação.

① 3年間ずっとアルバイトとして働くうちに、仕事を認められて社員になることができた。
Trabalhando continuamente por três anos como empregado temporário, meu trabalho foi reconhecido e pude me tornar empregado efetivo.

Assim como as expressões「になる」ou「てくる」que indicam a ocorrência de uma mudança ou um acontecimento, para「…」, é possível se usar também「てしまう」.

② 10年にわたり観察しているうちに、パンダの特徴がよく分かってきた。
Observando os pandas durante um período de 10 anos, temos entendido bem as suas características.

③ この時計は、使っているうちに、自然に動かなくなってしまった。
Este relógio parou de funcionar naturalmente enquanto o usava.

5. 子どもたち**にとって**生まれたときから存在しているアニメは、今やなくてはならない娯楽となっている。

S ＋ にとって…

「～にとってXはYだ」indica que a partir da perspectiva de「～」, pode-se dizer que X seja Y. Por exemplo, em ①, indica-se que a caracterítica「十分な睡眠は欠かせないものだ」corresponde a「赤ちゃん」.「～」se refere à pessoa, organização ou outra entidade que julga a característica. Usa-se com uma sentença adjetiva ou nominal que expressa um julgamento, reconhecimento, sensação, etc.

① 赤ちゃんにとって十分な睡眠は欠かせないものだ。

   Para bebês, dormir suficientemente é algo imprescindível.
② ビールが嫌いな私にとって、それはただの苦い飲み物だ。

   Para mim, que não aprecio, a cerveja é apenas uma bebida amarga.
③ 植物にとって光と水は重要なものだ。

   Para os vegetais, luz e água são importantes.

6. 海外で日本のテレビアニメが受けるわけ**とは**何だろうか。

S ＋ とは

Usa-se「〜とは」em explicações, definindo ou falando em outras palavras as características ou as propriedades de alguma coisa que o falante pensa que o ouvinte desconhece.

① 「デジカメ」とはデジタルカメラのことです。

   "Dejikame" significa "câmera digital".
② 「負けるが勝ち」とは、相手を勝たせるほうが、結局は自分が得をすることがあるということだ。

   A frase "makeru ga kachi" significa que, no final, você pode ter vantagens se deixar o seu oponente vencer.

Na linguagem falada, a expressão toma a forma「〜って」ou「〜というのは」.

③ 「デジカメ」{って／というのは} デジタルカメラのことだよ。

   "Dejikame" quer dizer "câmera digital".

Mesmo quando o ouvinte saiba a definição,「とは」pode ser usado quando o falante deseja enfatizar uma interpretação diferente.

④ 彼女にとって家族とはいったい何か。

   Afinal, o que "família" significa para ela?

7. 日本**において**マンガでヒットするということは、ブラジルにおいてプロサッカー選手になるがごとくである。

S ＋ において

「〜において…」é uma versão formal de「で」, e indica a hora ou o lugar em que ocorre o acontecimento「…」.

① 地域社会において今どのような問題があるかをさまざまな立場から分析した。

   Analisamos sob vários pontos de vista que tipo de problemas as comunidades regionais têm no momento.
② 江戸時代においてもっとも力を持っていたのは誰だろうか。

   Quem será que era a pessoa mais poderosa na Era Edo?

Em caso de modificar um substantivo, a expressão toma a forma 「における」ou「においての」.

③ この本には現代医学の発展におけるアメリカの役割について書いてある。

　Neste livro, está escrito sobre o papel dos Estados Unidos no progresso da medicina moderna.

④ 商品の価格は市場においての需給を反映する。

　O preço de um produto reflete a demanda e a oferta no mercado.

Na linguagem polida, a expressão toma a forma 「～におきまして」.

⑤ さきほどの奨学金の説明におきまして一部誤りがありました。おわび申し上げます。

　Houve um erro em uma parte da explicação dada antes sobre a bolsa de estudos. Pedimos desculpas.

8. テレビアニメのおもしろさは保証つきというわけである。

```
V      ⎫
Aい    ⎬  forma simples
Aな    ⎫  forma simples  ⎬ + わけだ／わけである
S      ⎬  －だ → な
S + という
```

「…わけだ」indica o resultado 「…」 deduzido de um acontecimento que já apareceu em um contexto anterior. Por exemplo, em ①, indica que se chegou à conclusão 「実質、値上げをした」 como resultado de uma dedução com base na informação 「価格は前と同じだが、20グラム少なくなっている」.

① このチーズは、価格は前と同じだが、20グラム少なくなっている。値上げをしたわけだ。

　O preço deste queijo é igual ao de antes, mas seu peso foi reduzido em 20 gramas. Isso significa que, efetivamente, o preço subiu.

② 江戸時代は1603年に始まり、1867年に終わった。260年余り続いたわけである。

　A Era Edo começou em 1603 e terminou em 1867. Portanto, ela continuou por mais de 260 anos.

Outro uso é quando o resultado 「…」 é conhecido antecipadamente, indicando que uma situação diferente está sendo considerada como uma razão ou motivo desse resultado. Por exemplo, em ③, indica-se que B já tem conhecimento de que não há muitos turistas estrangeiros e está considerando que A citara exatamente esse fato como razão ou motivo daquela situação. Pode-se também conectar a expressão com o adjetivo- い, adjetivo- な ou 「S + な」.

③ A：「インフルエンザの流行で各国の人々が渡航を控えているらしいよ。」

　B：「外国人の観光客が少ないわけだね。」

　A：Aparentemente, as pessoas do mundo todo estão evitando viajar devido à epidemia de gripe.

　B：É por isso que há poucos turistas estrangeiros, não é?

④ 小川さんは毎日のように、ヨガ、ジャズダンス、マッサージ、スポーツジムに通っている。元気なわけだ。

A Sra. Ogawa frequenta cursos de ioga e de dança jazz e vai ao massagista e à academia de esportes quase todos os dias. É com razão que ela seja tão saudável.

Em caso de utilizar com substantivo, a expressão toma a forma 「S ＋ というわけだ」.

⑤ 山下さんは65歳で退職してから、散歩とテレビの生活を送っている。毎日が日曜日というわけだ。

Desde que se aposentou aos 65 anos, o Sr. Yamashita passa seu tempo passeando ou assistindo à televisão, ou seja, todos os dias são como domingo para ele.

9. マンガが作り上げたノウハウがアニメに影響を与え、見ている者を夢中にさせ、続きも見たいという気持ちを起こさせる**のではないだろうか**。

```
V
Aい      forma simples
Aな      forma simples     +    のだ
S        －だ → な               のではないだろうか
```

「…のではないだろうか」indica o pensamento do falante de que 「…」seja, provavelmente, uma verdade, mas não pode chegar a uma afirmação definitiva.

① 道路を広げる計画には反対意見が多い。実現は難しいのではないだろうか。

Muitas pessoas são contra o plano de alargamento da rodovia. Eu me pergunto se não será difícil levar a cabo esse plano.

② 日本経済の回復には少し時間がかかるのではないだろうか。

Penso que, provavelmente, levará um pouco de tempo até que a economia do Japão se recupere.

③ 情報が少なすぎて不安だ。もう少し情報がもらえたら、住民も安心できるのではないだろうか。

Estamos inseguros porque as informações são demasiadamente poucas. Creio que os residentes se sentiriam mais tranquilos se pudessem receber um pouco mais de informação.

話す・聞く

10. 『銀河鉄道999』って、どんな話だった**っけ**？

「…っけ」indica que o falante se esqueceu se 「…」é verdade ou não, e deseja confirmar com o ouvinte se sua memória está correta. Isso implica que o falante se tornou inseguro a respeito de um fato passado ou de algo que ele deveria saber e, está verificando-o. É uma expressão exclusiva da linguagem falada.

① 今日は何曜日だったっけ？

Que dia da semana era mesmo hoje?

② 荷物はいつ届くんだったっけ？

Quando o pacote ia chegar mesmo?

③ あれ？田中さん、メガネかけてたっけ？

Ué? Sr. Tanaka, o senhor usava óculos?

11. クレアは鉄郎の温かい手に触れて、「血の通った体になりたい」って悲し**げ**に言うんだ。

「～ **げ** 」indica que existe um clima parecido a「～」, ou que há uma leve sensação de「～」. Expressa que não se pode dizer completamente que a situação seja「～」, mas é próxima àquela expressa por「～」.

① 主人が出かけるとき、うちの犬の表情はいつも悲しげだ。

Nosso cão sempre parece ficar triste quando meu marido sai.

② 母親は、息子が甲子園野球大会に出ることになったと得意げに話していた。

A mãe falou com um ar de orgulho que seu filho vai jogar no torneio de beisebol de Koshien.

③ 地震の影響で工場を閉じることになったと説明する社長は悔しげだった。

O presidente da companhia parecia estar inconformado quando explicou que a fábrica seria fechada em consequência do terremoto.

Lição 15

読む・書く

1. アリをよく観察すると、働いているアリを横目にただ動き回っているだけのアリたちがいる**という**。

「Xという」indica que X se trata de rumores, ou seja, que é algo que foi falado por outra(s) pessoa(s). É uma expressão usada na linguagem escrita.

① 日本で最も古い大学が京都にあるという。

Dizem que a universidade mais antiga do Japão fica em Kyoto.

② LED電球は省エネ性能や寿命の長さで優れている。普通の電球の8分の1から5分の1の電気代で済み、寿命は40倍あるという。

As lâmpadas LED são mais eficientes em termos de economia de energia e longa vida. Dizem que, com o seu uso, a taxa de energia elétrica se reduz a 1/8 a 1/5 do custo de uma lâmpada comum e sua vida útil é 40 vezes mais longa.

2. スタープレイヤーを集めたチームがまったく優勝にからめなかったりする**たびに**、この法則はかなり当たっているのではないかという気がしてくる。

「～たびに」significa「～と、いつもそのときには」.

① 隣のうちのお嬢さんは会うたびにきれいになっている。

A filha da casa vizinha está mais bonita a cada vez que a vejo.

② 欧米では転職するたびに給料が上がるというが、日本では必ずしもそうではない。

Dizem que nos países do ocidente, o salário de uma pessoa sobe a cada vez que ela muda de companhia, mas o mesmo não ocorre sempre no Japão.

No caso de se juntar com um substantivo, toma a forma「～のたびに」.

③ 大切な連絡を待っていたので、休み時間のたびにメールをチェックした。

Eu estava esperando uma mensagem importante, assim, chequei meu e-mail a cada vez que eu tinha uma folga.

3. 働きアリ**に関する**有名な研究がある。

S ＋ に関する／関して／関しての

「～に関して」indica o conteúdo de「～」.

① 今回の講演会に関してご意見のある方はこの紙に書いて出口の箱にお入れください。

Se tiverem algum comentário ou sugestão a respeito desta palestra, por favor, escrevam nestas folhas de papel e coloquem-nas na caixa colocada na saída.

② このレポートでは、日本経済の現状に関して説明する。
　　Este relatório explica a respeito da atual situação da economia japonesa.

「～に関して」significa praticamente o mesmo que「～について」, mas é uma expressão mais usada na linguagem escrita do que「～について」.

③ ねえ、田中さん。弟がコンピューターが安い店 {○について／×に関して} 聞きたいって言ってるんだけど、教えてあげてくれない？（linguagem falada）
　　Hã..., Sr. Tanaka, meu irmão mais novo quer saber a respeito de algumas lojas de computadores baratos. Poderia lhe dar algumas informações?

Em caso de se modificar uma palavra inflexível, a expressão toma a forma「～に関する」ou「～に関しての」.

④ 東京で環境問題に関する会議が開かれた。
　　Uma conferência sobre questões ambientais foi realizada em Tóquio.

---

4. 彼らは、一見忙しそうに動いているのだが、えさを担いでいる**わけではない**らしい。

```
V
Aい     } forma simples
Aな     } forma simples   } + わけではない
S       } ―だ → な
S + という
```

「…わけではない」nega uma conclusão「…」que poderia ser deduzida de uma forma geral ou fácil a partir do contexto ou da circunstância descrita.

① この店は人気があるが、必ずしも毎日大勢の客が入るわけではない。
　　Esta loja é popular, mas isso não significa que um grande número de pessoas a visite todos os dias.

② 宿題はたくさんあるが、今日中に全部しなければならないわけではない。
　　Eu tenho uma porção de tarefas, mas isso não significa que tenha que fazer tudo hoje.

③ 彼はベジタリアンだが、卵まで食べないわけではないらしい。
　　Ele é vegetariano, mas parece que isso não significa que ele não coma ovos.

④ この店の商品はどれも安いが、品質が悪いわけではないだろう。安くても良い品もある。
　　Todos os artigos desta loja são baratos, mas, provavelmente, isso não significa que a qualidade seja ruim. Há, também, produtos baratos, mas bons.

Na maioria das vezes, acompanha advérbios que significam tudo ou todos, tais como「みんな」,「いつも」,「必ずしも」ou「全く」e outros.

⑤ 日本人がみんな親切なわけではありません。
　　Nem todos os japoneses são gentis.

⑥ 姉は会社員だけど、土日がいつも休みなわけじゃないみたいだよ。
　　Minha irmã mais velha é funcionária de uma companhia, mas parece que isso não significa que ela tenha folga todos os fins de semana, sabe?
⑦ この病気に関する研究は少ないが、全くないわけではない。
　　Embora pouca pesquisa tenha sido feita sobre esta doença, isso não significa que não haja absolutamente nada.

「…わけではない」pode expressar a incapacidade de afirmar definitivamente se é 「…」ou 「…ではない」.

⑧ 行きたくないわけじゃないが、行きたいわけでもない。
　　Não é que não queira ir, mas também não quer dizer que eu queira.

5. 組織には偉大なる脇役たちがいないと、組織は徐々に疲弊していく**のではないか**。

```
V
Aい   } forma simples
Aな   } forma simples      + のではないか
S     } －だ→な
```

「…のではないか」é um prognóstico de que 「…」seja provavelmente correto, mas sua veracidade ou falsidade é incerta.

① 鈴木氏は今度の選挙に出るのではないか。
　　O Sr. Suzuki provavelmente se candidatará na próxima eleição.

Essa forma é utilizada com 「と思う」, 「と思われる」 ou 「とのことだ」, e expressa a opinião do falante de forma moderada.

② 新聞によると、今度の選挙に鈴木氏が出るのではないかとのことだ。
　　De acordo com os jornais, o Sr. Suzuki provavelmente se candidatará na próxima eleição.

③ 留学している息子から何の連絡もない。何かあったのではないか。
　　Não tenho recebido nenhuma notícia do meu filho que está estudando no exterior. Estou preocupado se aconteceu algo com ele...

④ さまざまな意見が出て会議が混乱しているので、調整が必要なのではないかと思う。
　　Diversas opiniões foram dadas e a reunião está em confusão. Creio que, provavelmente, seja necessário efetuar um ajuste.

6. 組織には偉大なる脇役たちがいないと、組織は徐々に疲弊していくのではないか、というのが私の観察**なのである**。

```
V  ┐
Aい ┤  forma simples  ┐      ┌ のだ
Aな ┤  forma simples  ├  +  ┤
S  ┘  ーだ → な      ┘      └ のではない
```

「…のだ」 indica que o conteúdo da oração antecedente é descrito em outras palavras.

① 彼はまだお酒が飲めない年齢だ。未成年なのだ。

Ele ainda é muito jovem para beber. Ele é menor de idade.

② 父は私が3歳のときに亡くなりました。母が一人で私を育ててくれたのです。

Meu pai morreu quando eu tinha 3 anos. Minha mãe me criou sozinha.

Na linguagem falada, tem-se a forma 「んです」.

③ 来週は田中さんが当番だったんですけど、私が来ます。代わりにさ来週は田中さんが来ます。

…分かりました。山本さんと田中さんが交代するんですね。

Na semana que vem, seria o turno do Sr. Tanaka, mas eu virei no seu lugar. Em compensação, ele virá daqui a duas semanas.

Entendi. Você e o Sr. Tanaka trocaram de turno, certo?

Em conjunto com 「つまり」, 「私が言いたいのは」, 「一言でいえば」 ou 「言い換えれば」, usa-se 「のだ」 para falar em outras palavras o que foi dito até esse ponto.

④ 15人の受験生のうち13人が不合格だった。つまり、2人しか合格しなかったのである。

Treze das quinze pessoas que prestaram exame foram reprovadas. Ou seja, somente duas pessoas foram aprovadas.

⑤ 鈴木さんはピアニストで、奥さんは歌手だ。2人の子どももそれぞれ楽器を習っている。一言でいえば、鈴木家は音楽一家なのだ。

O Sr. Suzuki é pianista e sua esposa é cantora. Cada um dos seus dois filhos também está aprendendo a tocar um instrumento musical. Resumindo, a família Suzuki é uma família de músicos.

⑥ この商品は国内では販売されていない。言い換えれば、海外でしか買えないのです。

Este produto não é vendido domesticamente. Falando de outra forma, ele pode ser comprado somente no exterior.

話す・聞く

7. 老舗といえる**ほどのもの**じゃありません。

「～ほどの {もの／こと} じゃない」 indica que qualquer coisa que esteja sendo referida não chega ao nível de「～」. Na linguagem falada, a expressão pode, também, tomar a forma「～ほどのもんじゃない」.

① 確かに優勝はしましたが、国民栄誉賞をいただくほどのものじゃありません。

É verdade que eu ganhei, mas isso não me faz merecer o recebimento do Prêmio de Honra ao Cidadão.

② 狭い庭なんですよ。庭といえるほどのものじゃありません。

É um jardim pequeno, sabe? Na verdade, é algo que não se pode dizer que seja um jardim.

Em caso de vincular com a raiz de um substantivo ou um adjetivo- な, deve-se adicionar「～という」ou「～って」.

③ 朝食は食べましたか。

…朝食というほどのものじゃないですけど、バナナを食べました。

Tomou o café da manhã?

Bem, não chega a ser um café da manhã, mas comi uma banana.

④ うちの犬の写真を見てください。ハンサムってほどのもんじゃありませんが、なかなかいい顔をしてるでしょう？

Veja a foto do nosso cachorro. Não se pode dizer que ele seja lindo, mas tem uma boa cara, não acha?

8. 伝統的なものだけじゃなく、モダンなデザインの製品も製造しています。

「Xだけでなく Y」expressa que se adiciona Y em X.

① この店はパンを売るだけじゃなく、パンの作り方教室も開いている。

Esta padaria não só vende pães, como também dá aulas de como fazer pães.

「も」,「まで」, etc. se acrescentam a Y (parte em que algo é adicionado).

② ボランティア活動は相手のためだけでなく、自分のためにもなることが分かった。

Eu me dei conta de que as atividades de voluntariado beneficiam não somente as pessoas a quem ajudo, mas também são boas para mim.

③ 社内で結核の患者が出たので、本人だけでなく、周りの人まで検査を受けなければならない。

Uma pessoa da companhia contraiu tuberculose e, assim, não somente a própria pessoa, mas todas à sua volta têm que ser examinadas.

9. 太鼓といえば、佐渡の「鬼太鼓」が有名ですよね。

S ＋ といえば

「S_1といえばS_2」mostra que o falante está associando algo que aparece no contexto anterior (S_1) com (S_2). Algumas vezes, S_2 consiste em exemplos típicos de S_1, conforme visto em ①, e, outras vezes, consiste em um exemplo que parece ser surpreendente ao ouvinte, conforme visto em ②.

① スイスといえば、時計やチョコレートなどが有名ですね。

Falando em Suíça, os relógios, chocolates suíços, etc. são famosos, não é?

② 日本では牛肉・豚肉・鳥肉が一般的だが、モンゴルでは肉といえば羊の肉だそうだ。

Carne de vaca, porco e frango são comuns no Japão, mas quando se fala em carne na Mongólia, dizem que se refere normalmente à carne de carneiro.

「～といえば」pode também tomar a forma「～というと」ou「～といったら」.

③ 教育というと、学校の仕事だと思うかもしれないが、そうではない。

Quando se fala em educação, você pode pensar que isso é trabalho das escolas, mas não o é.

④ 日本といったら、若い人はアニメ、中年以上の人は車と言うだろう。

Quando se fala em Japão, os jovens provavelmente mencionarão animês, mas as pessoas de meia-idade ou acima provavelmente citarão carros.

Uma vez que S_2 é algo que o ouvinte desconhece, estas expressões são usadas também com a nuance de fazer com que o ouvinte preste atenção.

⑤ 来週ソウルに出張するんですよ。

…ソウルといえば、3年ほど前に帰国したパクさん、結婚するらしいですよ。

Estou indo a Seul a trabalho na semana que vem.

Agora que você mencionou Seul, o Sr. Pak, que voltou ao país cerca de três anos atrás, parece que vai se casar, sabia?

Mesmo que o ouvinte já saiba o que está sendo descrito, as expressões podem também ser usadas para indicar que o falante deseja que o ouvinte ouça novamente o relato.

⑥ ストレス解消といえば、やっぱり運動ですよね。

Se estamos falando em eliminar o estresse, no final das contas, o melhor é fazer exercícios físicos, não é?

Lição 16

読む・書く

1. 会員のうち３人は既に請求に応じて支払いを済ませている。

(1) Respondendo a「～」（請求・要求・要望）(um requerimento, uma exigência ou um pedido).

① 学生たちは大学に授業料についての要求をしました。１年間話し合った後，大学は要求に応じました。

Os estudantes fizeram exigências à universidade a respeito das taxas escolares. Após um ano de discussões, a universidade acatou suas exigências.

② その会社は消費者の要望に応じて、商品の品質検査を強化した。

Atendendo aos pedidos dos consumidores, a companhia reforçou as inspeções de qualidade dos seus produtos.

③ その企業は取引先の注文に応じて、製品の開発を進めてきた。

Atendendo aos pedidos dos seus clientes, a empresa veio continuando a desenvolver produtos.

(2) A forma「～に応じて…」, quando「～」é uma palavra que representa mudança ou diversidade, significa "fazer「…」em resposta à mudança ou à diversidade「～」".

④ 時代の変化に応じて若者の文化や考え方も変わる。

A cultura e o modo de pensar dos jovens também mudam acompanhando as mudanças dos tempos.

⑤ この店では客の１年間の買い物額に応じて景品を出している。

Esta loja dá aos clientes um brinde de acordo com o valor das compras feitas em um ano.

2. 外部からの情報引き出しによってか、データ流失が起きたものとみられる。

Neste caso,「～によって」indica a causa. Quando modifica um substantivo, toma a forma「～によるS」.

① 急激な円高によって経営が苦しくなり、倒産する企業もある。

Devido ao rápido aumento do iene, algumas companhias estão tendo dificuldades administrativas e estão indo à falência.

② ＡＴＭのトラブルによる被害は、この銀行の利用者にとどまらない。

Danos sofridos devido a problemas em caixas eletrônicos não se restringem aos usuários deste banco.

3. 外部からの情報引き出しによってか、データ流失が起きたもの**とみられる**。

「～とみる」significa「～と考える」(a partir de uma justificativa objetiva). Usa-se frequentemente em noticiários na forma「～とみられる」.

① 電力会社は12日の最大電力需要を2,460KWとみており、停電の恐れはないとしている。
   A companhia de energia elétrica estima que a demanda máxima de eletricidade no dia 12 seja de 2.460kW, e mantém que não há risco de apagão.
② 自動車業界は東南アジアでの自動車の需要はまだまだ伸びるとみている。
   A indústria automobilística acredita que a demanda de carros no Sudeste Asiático continue se expandindo.

Esta expressão é frequentemente usada na forma「…とみられる」em noticiários. Igualmente a「…と考えられる」e「…と思われる」, é usada pelo falante para indicar o que ele pensa. Por outro lado, a forma「…とみられている」indica que o que foi declarado é geralmente algo pensado por muitas pessoas (e não o que o falante necessariamente pensa).

③ 期待の新人はメジャーリーグに挑戦するとみられている。
   Acredita-se que o novo e promissor jogador tente jogar na Major League Baseball.

4. ＭＮＫ社は、データ流失は外部からの情報引き出しによって起きたもの**としている**。

Através de「～は…としている」, indica-se que o conteúdo「…」é o que está sendo anunciado oficialmente por「～」.

① 政府は景気が回復するまでは消費税を上げないとしている。
   O governo afirma não aumentar o imposto sobre o consumo até que a economia se recupere.
② 学校側は少子化に備えてカリキュラムを見直すとしている。
   A escola afirma revisar o currículo já se preparando para a queda da taxa de natalidade.

5. 情報管理を厳しくしていた**にもかかわらず**、今回の事態が起きたことは遺憾である。

forma simples

| Aな | ーだ | → | ーである | | + にもかかわらず |
| S | ーだ | → | ー／ーである | | |

「XにもかかわらずY」expressa que Y difere do resultado esperado de X. Y pode ser um resultado bom ou ruim, mas, na maioria dos casos, indica surpresa ou insatisfação do falante. É uma expressão um pouco formal, mas usada não somente na linguagem escrita, como também na linguagem falada.

① 本日は年末のお忙しい時期にもかかわらず、こんなに多くの方にお集まりいただきありがとうございます。

Sou grato por tantas pessoas terem se juntado hoje, apesar de ser fim do ano, uma época em que todos estão ocupados.

② 地震のあとに津波が来ることが予測されていたにもかかわらず、すぐに避難しなかったことが被害を大きくした。

Apesar de que a vinda de um tsunami tivesse sido prevista após o terremoto, o fato de as pessoas não terem se refugiado imediatamente aumentou os danos.

③ この学校には十分な予算があるにもかかわらず、設備の改善にはあまり使われていない。

Apesar do fato desta escola contar com um bom orçamento, não gasta muito em reformas das suas instalações.

6. MNK社は被害を受けた会員におわびの書面を送る**とともに**、会員カードの更新などの対策を早急に講ずるとしている。

V forma-dic
S } + **とともに**

Através de 「X とともに Y」, indica-se que o acontecimento Y ocorre simultaneamente ao acontecimento X.

① 警察は、犯人を追うとともに、近所の住人に注意を呼びかけている。

Ao mesmo tempo em que persegue o criminoso, a polícia alerta os residentes locais.

② 彼は大学で研究生活を続けるとともに、小説を書くことをあきらめていない。

Ao mesmo tempo em que continua seus estudos na universidade, ele não desiste de escrever romances.

③ 社名を変更するとともに、新たなホームページを立ち上げた。

Ao mesmo tempo em que eles mudaram o nome da companhia, estabeleceram um novo website.

Além do uso com verbos na forma de dicionário, esta expressão pode ser empregada com um substantivo que expressa um acontecimento.

④ 社名の変更とともに制服も新しいデザインになった。

Juntamente com a mudança do nome da companhia, um novo modelo de uniforme foi introduzido.

7. 不審に思って振込口座名を調べ**たところ**、既に口座は閉じられていた。

V forma-た + **ところ**

「X たところ Y」 expressa a relação "como resultado da ação X, soube-se da circunstância Y". Ambos, X e Y, são usados na forma passada. A expressão não é usada para indicar acontecimentos futuros e é uma expressão formal, usada principalmente na linguagem escrita.

① 教授に大学新聞への原稿をお願いしたところ、すぐに引き受けてくださった。

Quando eu pedi ao professor que escrevesse um artigo para o jornal da universidade, ele atendeu pronta e gentilmente à solicitação.

② 財布を落としたので、警察に行ったところ、ちょうど拾った人が届けに来ていた。

Quando fui à polícia avisar que havia perdido a carteira, a pessoa que a encontrou havia vindo entregá-la justamente naquele momento.

③ 身分証明書が必要かどうか確かめたところ、不要だということだった。

Quando eu verifiquei se era necessário apresentar algum documento de identidade, me disseram que era desnecessário.

話す・聞く

8. あんまり落ち込んでいるから、人身事故でも起こしたのかと思った。

「あんまり／あまり X から Y」expressa a relação "Y ocorreu porque X era de um nível muito alto".

① 電気料金があんまり高いもんだから、調べてもらったら、やっぱり電力会社の間違いだった。

Pedi que verificassem minha conta de luz porque era demasiadamente alta e, então, constatei o que eu havia pensado: a companhia de energia elétrica havia errado no cálculo.

② 電話をかけてきた相手の言葉遣いがあんまり失礼だったから、思わず切ってしまった。

A pessoa que telefonou falou de maneira tão rude que, instintivamente, desliguei o telefone.

9. 危うく事故を起こすところだった。

V forma-dic
V forma- ない －ない
} ＋ ところだった

「…ところだった」indica que ocorreu um fato contrário (ou seja, que, na realidade, 「…」não ocorreu). 「…」é, normalmente, um acontecimento não desejável. Quando essa expressão é usada na forma「X たら／ば、Y ところだった」, ela pode indicar a relação "se X ocorresse, Y teria ocorrido" (ou seja, na realidade, como X não ocorreu, Y ocorreu). Algumas vezes, é usada com expressões tais como「危うく」ou「もう少しで」.

① たばこの火がカーテンに燃え移っていた。気づくのが遅れたら、火事になるところだった。

O fogo do cigarro tinha pego na cortina. Se eu tivesse demorado a perceber, teria ocorrido um incêndio.

② 明日は漢字のテストだよ。
…あっ、そうだったね。忘れるところだった。ありがとう。

Amanhã é dia de exame de *kanji*, viu?

Ah, é mesmo. Por pouco, teria me esquecido. Obrigado.

③ こんなところに薬を置いたのは誰？　もう少しで赤ちゃんが口に入れるところだったよ。

Quem deixou esses remédios aqui? Por pouco, o bebê iria colocá-los na boca.

10. お金のないときに限って、お金が必要になるんだよなあ。

S ＋ に限って

A expressão 「Xに限ってY」 é usada para indicar que "Y ocorre principalmente em caso de uma determinada circunstância X". Nos exemplos ① e ②, o falante se queixa que ocorreu um resultado Y, contrário daquele que se esperava de X.

① デートの約束をしている日に限って、残業を頼まれる。

Pedem-me para fazer horas extras justamente nos dias em que marco um encontro com minha namorada.

② 子どもって親が忙しいときに限って熱を出したりするんですよね。

As crianças sempre têm febre ou outras coisas justamente quando os pais estão ocupados, não é?

Por outro lado, como se vê no exemplo ③, a expressão pode ser usada na forma 「Xに限ってYない」, para indicar que um resultado negativo Y não ocorrerá pela esperança ou confiança depositada em X.

③ うちの子に限ってそんなことをするはずがない。

Não é possível que justamente nosso filho faça uma coisa dessas.

Lição 17

読む・書く

1. 古代ローマで使われていた暦は1年が304日、10か月**からなっている**。

   「XはYからなる／なっている」indica que X é composto por Y.
   ① 日本は47の都道府県からなっている。

   O Japão é dividido em 47 províncias, incluindo Tóquio, Hokkaido, Osaka e Kyoto.
   ② 10人の科学者からなる研究グループによって、調査が行われた。

   O estudo foi realizado por um grupo de pesquisas formado por dez cientistas.

2. 太陽暦に切り替えられた大きな理由**としては**、次のようなことが挙げられる。

   「～としては」indica que o que vem depois é aplicável a「～」.
   ① 北海道のお土産としては、クッキーやチョコレートなどが有名である。

   Como suvenires de Hokkaido, são famosos, por exemplo, os biscoitos e chocolates.
   ② マンガのテーマとしては、「恋愛」や「冒険」などが好まれる。

   Romances e aventuras, por exemplo, são apreciados como temas de mangás.

3. 諸外国との外交**上**、同じ暦を使用するほうが便利だった。

   Quando adicionada a um substantivo, a expressão「～上」significa「～の点から」ou「～の点で」.
   ① 家の中でテレビを長時間つけているのは教育上よくない。

   Deixar a televisão de casa ligada por longas horas não é bom do ponto de vista de educação das crianças.
   ② 会社の経営上、今より社員を増やすことは難しい。

   Do ponto de vista da situação financeira da companhia, é difícil empregar mais funcionários do que agora.
   ③ 雨の日に傘をさして自転車に乗るのは交通安全上、非常に危険である。

   Do ponto de vista de segurança no trânsito, é muito perigoso andar de bicicleta segurando o guarda-chuva aberto em dia de chuva.
   ④ 1960年代の初めは日本製のアニメは番組編成上の穴埋めとして放送されていた。

   No início da década de 1960, os animês japoneses eram transmitidos para preencher "janelas" na programação.

4. 改暦を行うことに**より**、12月の給料を1か月分払わずに済ませた。

Neste caso,「～により／によって」indica um meio ou um método.
① この会社は、工場を海外に移したことにより、コストを下げるのに成功した。
　Esta companhia teve êxito em reduzir os custos transferindo as fábricas ao exterior.
② 宅配便によって、全国どこへでも遅くとも2日以内には荷物が届くようになった。
　Agora, com os serviços de entrega a domicílio, as encomendas são entregues em qualquer lugar do Japão dentro de dois dias no mais tardar.

5.「九月」は夜が長く月が美しい**ことから**「長月」と名づけられていた。

V	} forma simples	
Aい		
Aな	forma simples	+ ことから
	―だ → ―な／―である	
S	―だ → ―である	

「～ことから」indica que「～」é um motivo ou causa. Há casos em que se segue um fato, como nos exemplos ① e ②, e casos em que se segue o julgamento do falante, como no exemplo ③. É uma expressão formal, usada principalmente na linguagem escrita.
① 夫にスーパーの袋を捨てないように注意したことから、けんかになった。
　Meu marido e eu brigamos porque eu o adverti a não se desfazer das sacolas de supermercados.
② この駅では、発車ベルがうるさいという苦情が出たことから、ベルの代わりに音楽を使うようになった。
　Nesta estação, devido às reclamações de que a campainha do anúncio de partida de trens era muito ruidosa, ela foi trocada por uma música.
③ 発掘調査で指輪やネックレスが発見されたことから、この墓は身分の高い人のものだと考えられる。
　Pelos anéis, colares e outros adornos descobertos nas escavações, pensa-se que este túmulo pertencia a alguém de alta classe.

6. 予算不足にもかかわらず、新制度の導入でたくさんの役人を補充**せざるを得な**かった。

V forma- ない ＋ ざるを得ない
（＊「する」→「せざるを得ない」）

「～ざるを得ない」significa que "eu não quero fazer, mas devido à situação ou às circunstâncias, não posso evitar de fazer「〜」. Na forma「〜ざるを得なかった」, como no exemplo ②, significa que "eu não pude evitar e acabei fazendo「〜」".

① 熱が39度もある。今日は大事な会議があるが、休まざるを得ない。
   Tenho 39ºC de febre. Tenho uma reunião importante hoje, mas terei que faltar.
② 頂上まであと少しのところで吹雪に遭い、引き返さざるを得なかった。
   Quando faltava pouco para chegar ao cume, ocorreu uma nevasca e fomos obrigados a retornar.
③ 参加者が予想よりはるかに少なかった。残念だが、今日のイベントは失敗だと言わざるを得ない。
   Havia muito menos participantes do que se previa. Lamentavelmente, temos que dizer que o evento de hoje foi um fracasso.

É uma expressão um tanto formal, mas é empregada não somente na linguagem escrita como também na falada.

話す・聞く

7. 優太が幼稚園に行くようになって**はじめて**節分のことを知りました。

「XしてはじめてY」significa que "Y (finalmente) ocorreu depois de X". Emprega-se quando o falante deseja dizer que "X era necessário para que Y ocorresse".

① 子どもを持ってはじめて親のありがたさが分かった。
   Somente após ter meus próprios filhos compreendi a gratidão de ter meus pais.
② 就職してはじめてお金を稼ぐことの大変さを知りました。
   Somente após ter começado a trabalhar eu soube como é difícil ganhar dinheiro.

8. 優太：お父さんは優しいよ。お母さんのほうが怖い。
母　：優太**ったら**。

「XったらY」é semelhante a「XはY」, mas esta expressão é usada para mencionar Y, ao mesmo tempo em que indica um sentimento de espanto ou de crítica em relação a X.

① お母さんったら、どうして子どもの名前を間違えて呼ぶのよ。たった3人なのに。
   Oh, mãe, por que você sempre erra os nomes dos seus filhos? Somos somente três!
② うちで飼ってるチロったら、私のことを母親だと思ってるんですよ。
   É possível? O nosso cão Chiro pensa que eu sou sua mãe!

9. 優太君は6歳にしては大きいね。

(1) S ＋ にして
(2) forma simples
   Aな －だ → －である ⎫
   S －だ → －／－である ⎬ ＋ にしては
                    ⎭

「XにしてはY」indica que "o grau Y é distinto daquele normalmente esperado a partir da premissa representada por X". Y pode ser bom ou ruim.

① 彼女のピアノの腕は素人にしては相当のものだ。
   Para ser amadora, ela toca piano muito bem.
② このレポートは一晩で書いたにしてはよくできている。
   Para ser um relatório escrito em uma noite, está bem feito.
③ スペイン語は半年ほど独学しただけです。
   …そうですか。それにしてはお上手ですね。
   Meramente estudei espanhol por cerca de meio ano por minha própria conta.
   É mesmo? Considerando isso, fala muito bem.

Em princípio, X é uma premissa e pode ser usada quando o falante não sabe se é verdadeira ou não.

④ お父さん、残業にしては遅すぎるよ。飲みに行っているのかもしれないね。
   Para estar fazendo trabalho extra, o papai está se demorando muito. É possível que ele tenha ido beber, não é?

10. 日本に住んでるからには、日本の四季折々の行事を知らないといけないと思う。

V forma simples   ⎫
S forma simples   ⎬ ＋ からには
   －だ → である   ⎭

「XからにはY」significa "já que X, então, naturalmente, Y". Na maioria das vezes, Y se trata de expressões tais como de ordem, obrigação, intenção e esperança.

① 大学院に入ったからには、どんなに大変でも学位を取って国へ帰りたい。
   Já que entrei no curso de pós-graduação, por mais difícil que seja, quero voltar à terra natal com um título nas mãos.
② 私は負けず嫌いだ。ゲームでも何でも、やるからには勝たなければならないと思う。
   Detesto perder. Já que é para fazer algo, seja em um jogo ou em qualquer outra coisa, penso que é necessário vencer.

③ 日本での就職を目指すからには、敬語はしっかり勉強しておいたほうがいい。
　Já que objetiva conseguir um emprego no Japão, é melhor aprender a usar adequadamente a linguagem honorífica.

Não é possível se usar em orações que expressam fatos já ocorridos.

11. さあ、サッカーの練習に行くん**でしょ**。

forma simples
Aな ⎫
S 　⎬ －だ ⎬ ＋ でしょ。

O falante usa esta expressão na forma 「Xだろう」 com uma entonação ascendente para confirmar a respeito de X com o ouvinte. Quando o ouvinte não tem conhecimento de X, é uma forma para pedir que ele se torne ciente de X e, às vezes, vem acompanhada de um sentimento de crítica ou repreensão. Além da forma polida 「でしょう」, em conversação, essa expressão pode tomar a forma 「でしょ」,「でしょっ」,「だろ」ou「だろっ」.

① 10時だ。子どもはもう寝る時間だろう。歯をみがいて、ベッドに入りなさい。
　São dez horas. É hora de criança dormir, certo? Escove os dentes e vá para a cama.

② 優太、そんなところに立ってたら邪魔になるでしょ。こっちへいらっしゃい。
　Yuta, não vê que está atrapalhando ficando em pé aí? Venha para cá.

③ 飲みに行こうって誘ったのは君だろ。今日になってキャンセルなんて、ひどいよ。
　Quem sugeriu ir beber foi você, não foi? E, chegando hoje, você cancela? É demais!

Lição 18

> **読む・書く**

1. 僕はおそらくあの薄汚い鉛筆削りを使いつづけていた**に違いない**。

```
forma simples
   Aな  }
   S    }  －だ → －／－である  } ＋ に違いない
```

Esta expressão indica que o falante está convencido do que ele está dizendo.

① 渡辺さんは時間が守れない人だ。今日もきっと遅れてくるに違いない。

A Sra. Watanabe é uma pessoa que não consegue ser pontual. Hoje, também, com certeza, deverá se atrasar.

② 山本監督の映画ならきっとおもしろいに違いない。

Se é um filme do diretor Yamamoto, não há dúvidas de que seja interessante.

③ あの公園の桜はもう散っているに違いない。

Com certeza, as flores de cerejeiras daquele parque devem estar despetaladas.

É similar a 「はずだ」, mas, enquanto 「はずだ」 expressa somente uma convicção com base, por exemplo, em estimativa, conhecimento ou lógica, 「に違いない」 pode expressar uma convicção intuitiva, como se indica no exemplo ④.

④ 彼を一目見て、親切な人 ｛○に違いない／×のはずだ｝ と思った。

À primeira vista, me fez ter a certeza de que ele é uma pessoa gentil.

2. 僕の鉛筆削りは手動式の機械で、他のもの**に比べて**変わったところなんてない。

S ＋ に比べて／比べると

A expressão 「XはYに比べて／比べると…」é usada para indicar uma comparação entre X e Y, e é, comumente, seguida por uma expressão que indica algum tipo de grau. Na maioria das vezes, substituindo-a por 「～より」, o seu significado não muda.

① 今年は去年に比べて春の来るのが遅かった。

Neste ano, a primavera chegou mais tarde do que no ano passado.

② 電子辞書で調べたことは紙の辞書に比べると記憶に残りにくい気がする。

Tenho a impressão de que as palavras verificadas no dicionário eletrônico permanecem menos na memória do que aquelas verificadas no dicionário de papel.

③ 郊外は都心に比べて緑が多い。

Nas zonas suburbanas há mais verde do que nos centros das cidades.

3. こんな幸運は人生の中でそう何度もある**ものではない**。

```
V forma-dic
V forma- ない  －ない  ｜
A い            ｜ ＋ ものだ
A な  －な
```

(1) Usa-se「XはYものだ」para descrever a natureza essencial ou a tendência de X. Na linguagem falada, às vezes, toma a forma「もんだ」.

① 人は変わるものだ。
　As pessoas mudam.

② お金って、なかなか貯まらないもんですね。
　Dinheiro é uma coisa difícil de se juntar, não é?

Uma vez que se trata de um meio para fazer uma observação generalizada, X não pode ser um nome próprio ou uma palavra que se refira a um indivíduo, coisa, etc., específicos.

× 田中先生は変わるものだ。

A forma negativa pode ser「～ものではない」ou「～ないものだ」, mas a primeira tem um sentido um tanto mais forte do que a segunda.

③ 日本語で日常的に使われる漢字は2,000字以上ある。1年や2年で覚えられるものではない。
　Mais de dois mil *kanji* são comumente usados em japonês. Não é possível aprendê-los em um ou dois anos.

④ 甘いものは一度にたくさん {食べられるもんじゃない／食べられないもんだ}。
　É impossível comer uma porção de doces de uma só vez.

(2) Como um desenvolvimento do seu uso para descrever a natureza essencial ou a tendência de algo, como se indica acima, é possível se usar「～ものだ」também para mencionar uma situação ideal ou uma ação que deve ser realizada naturalmente. O significado é próximo ao de「～べきだ」.

⑤ 学生は勉強するものだ。
　Os estudantes devem estudar.

⑥ 出された食事は残すものではない。
　Comida servida não se deve deixar sobrar.

話す・聞く

4. ワイングラス、どこにしまったかな。あ、あっ**た**、あった。

As formas em tempo passado, tais como「いた」,「あった」e「見えた」, são usadas para indicar que o falante encontrou algo que estava procurando ou para expressar que percebeu uma situação que não havia percebido até então.

① チロ！チロ！どこにいるんだ。おー、いた、いた。こんなとこにいたのか。
   Chiro! Chiro! Onde você está? Ah, achei! Achei! Você estava num lugar como esse!
② ほら、見てごらん。あそこに小さな島が見えるだろう。
   …ええ？　どこ？　見えないよ。あ、見えた。あれ？
   Ei, veja. Dá para você ver aquela pequena ilha lá ao longe?
   Hum? Onde? Não enxergo. Ah, sim, dá para ver, sim. É aquela?

5. だって、このお皿、新婚時代の思い出がいっぱいなんだもの。

A expressão「だって、…もの」é usada para dar motivo a algo, mas é empregada quando o falante deseja justificar-se ou dar uma desculpa. É uma expressão usada no cotidiano, de forma que não pode ser usada em situações formais.

① どうしてケータイばかり見ているの？
   …だって、することがないんだもの。
   Por que você passa o tempo olhando o seu telefone celular?
   Pois é... Afinal, não tenho nada para fazer.
② どうしてうそをついたの？
   …だって、だれも僕の言うことを聞いてくれないんだもん。
   Por que você mentiu?
   Pois é... Afinal, ninguém escuta o que eu digo.

6. ふだん使わないものをしまっといたところで、場所をとるだけだよ。

A expressão「XしたところでY」significa「もしXしてもYになる」e indica que mesmo que a ação X seja tomada, ocorrerá um resultado (indesejável) Y. É usada quando o falante deseja dizer que não há necessidade de fazer X.

① いくら状況を説明したところで、警察は信じないだろう。
   Por mais que você explique a situação, a polícia não vai acreditá-lo.
② きれいに片づけたところで、子どもがすぐ散らかすんだから意味がないよ。
   Não vale a pena arrumar e deixar o local limpo, pois logo as crianças espalham as coisas e deixam tudo em desordem.

7.

ここにあるスーパーの袋（ふくろ）の山、何（なん）だよ。
…あら、袋（ふくろ）だって必要（ひつよう）なのよ。

S
S ＋ partícula indicadora de caso ⎫
⎬ ＋ だって
⎭

Usa-se「Xだって Y」quando o falante deseja indicar que o que ele está dizendo é contrário à expectativa「XであればYではないだろう」.

① 日本語は漢字が難（むずか）しいかもしれないけど、韓国語（かんこくご）だって発音が難しい。

　　No japonês, os caracteres de *kanji* podem ser difíceis, mas também no coreano, é difícil a pronúncia.

Essa forma pode ser usada também para enumerar vários itens, como se vê no exemplo ②.

② 鈴木（すずき）さんはスポーツが得意（とくい）だから、サッカーだって野球（やきゅう）だって何（なん）でもできます。

　　O Sr. Suzuki é bom em esportes, assim, ele é capaz de jogar futebol, beisebol ou quaisquer outros esportes.

Conforme se vê em ③, é possível se usar「XだってY」para enfatizar fortemente que X se aplica em Y, mesmo quando não seja necessariamente diferente à expectativa.

③ 父は毎朝早く仕事に出掛（でか）けます。今日だって朝６時に家を出ました。

　　Meu pai vai trabalhar todos os dias de manhã cedo. Hoje, como sempre, saiu de casa às seis da manhã.

8.

あなたこそ、あの本の山はいったい何（なん）なの！

S
S ＋ partícula indicadora de caso（に・で） ⎫
V forma- て ⎬ ＋ こそ
Forma simples ＋ から ⎭

A expressão「XこそY」é usada para enfatizar que X (e nada mais) é Y.

① どうぞよろしくお願（ねが）いします。

　　…こちらこそどうぞよろしく。

　　Prazer em conhecê-lo.

　　O prazer é meu.

② ずいぶん長いことお祈（いの）りしてたね。

　　…今年こそ、いい人に出会えますようにってお願いしてたの。

　　Você estava rezando por longo tempo, não?

　　Sim, estava pedindo para que neste ano eu possa, enfim, encontrar alguém bom.

Além dos substantivos que indicam pessoas ou coisas, X pode ser "substantivo ＋ partícula indicadora de caso",「〜て」que indica uma circunstância,「〜から」que indica um motivo, ou outras expressões.

③ この本は子ども向けだが、逆に、大人にこそ読んでもらいたい。

　Este livro é destinado para crianças, mas, na verdade, gostaria que os adultos é que o lessem.

④ どんな言語もコミュニケーションに使えてこそ意味があるのであって、試験に合格しても実際に使えなければ意味がありません。

Um idioma tem significado somente quando ele pode ser usado na comunicação com as pessoas. Mesmo que você passe no exame, se não puder usá-lo na prática, não tem nenhum valor.

⑤ あの人が嫌いなのではない。好きだからこそ冷たい態度をとってしまうのだ。

Não é que eu não goste dele. Exatamente porque eu gosto é que acabo tomando uma atitude fria.

Lição 19

読む・書く

1. ロボコンは初めのころはNHKの番組で、大学や高専の学生**を対象に**行われていた。

「〜を対象に」indica o objeto de uma pesquisa ou investigação, o alvo de alguma informação ou ação, etc. Pode também tomar a forma「〜を対象にして」.
① 幼児を対象に開発されたゲームが、大人の間で流行している。

    Jogos desenvolvidos para crianças em idade pré-escolar estão virando moda entre os adultos.
② テレビの午後の番組はおもに主婦を対象に組まれている。

    Os programas de televisão do período da tarde são feitos principalmente para donas de casa.

2. ロボコンの特効薬的効果は、中学生**ばかりでなく**、高専や大学の学生にもある。

「〜ばかりでなく」é igual a「〜だけでなく」e indica que o que foi declarado não se limita a isso.
① 18号台風は農業ばかりでなく、経済全体にも大きなダメージを与えた。

    O Tufão Nº 18 causou grandes danos não somente ao setor agrícola, mas também para toda a economia.
② ここは温泉ばかりでなく、釣りや山登りも楽しめます。

    Aqui você pode curtir não somente as águas termais como também pesca e alpinismo.

3. ロボコンというものが、大きな教育力を備えた活動だということがはっきりしてきたから**にほかならない**。

S
〜から・ため, etc. (expressando uma causa, motivo ou fundamento) + にほかならない

Usa-se「〜にほかならない」para se declarar「〜である」, de forma enfática.
① 子どもの反抗は、大人になるための第一歩にほかならない。

    A rebeldia das crianças é nada mais do que o primeiro passo para se tornarem adultos.
② この成功は、あなたの努力の結果にほかなりません。

    Este sucesso é nada mais do que o resultado dos seus esforços.

③ このような事故が起きたのは、会社の管理体制が甘かったからにほかなりません。

A única razão para a ocorrência de um acidente como este é que o sistema de administração da companhia era ruim.

4. ロボットづくりを通して、物と人間とのよい関係が身につく。

S ＋ を通して

「〜を通して」 conecta a um substantivo que indica ação e significa o mesmo que 「〜をすることによって」. Indica o método para a concretização de algo que vem em seguida.

① 厳しい練習を通して、技術だけでなく、どんな困難にも負けない心が養われたと思います。

Eu acredito que, através do rigoroso treinamento, desenvolvi não somente habilidades, como também a determinação para superar quaisquer adversidades.

② 茶道を通して、行儀作法だけでなく、和の心を学んだ。

Através do "chado" (cerimônia do chá), aprendi não somente a etiqueta como também o espírito de harmonia.

③ 語学の学習を通して、その言葉だけでなく、その国の文化や人の考え方なども知り、理解が深まったと思う。

Eu acredito que, através do estudo de um idioma, aprendi não somente a língua em si, mas também aprofundei o entendimento da cultura desse país e a filosofia do seu povo.

5. たいていの中学校では秋から翌年にかけて4か月間ロボットづくりをさせる。

S（substantivo de tempo）＋ から ＋ S（substantivo de tempo）＋ にかけて
S（substantivo de espaço）＋ から ＋ S（substantivo de espaço）＋ にかけて

「〜から〜にかけて」 indica o ponto inicial e o ponto final de um período de tempo ou espaço e menciona que um acontecimento ocorre em algum lugar dentro daquele período de tempo ou espaço.

① 台風8号は今夜から明日にかけて上陸する見込みです。

É previsto que o Tufão Nº 8 atinja a região em algum momento entre hoje à noite e amanhã.

② 毎年1月から3月にかけてほうぼうで道路工事が行われる。

Obras em rodovias são executadas anualmente entre janeiro e março em todos os lugares.

③ 関東から東北にかけていろいろな都市でコンサートを開いた。

Eles realizaram concertos em diversas cidades desde a região de Kanto à região de Tohoku.

6. 彼らのふるまいの変化はともかく、彼らの顔が以前に比べて、おだやかになる。

```
S
V
Aい      forma simples + か [どうか]   + はともかく
Aな
```

A expressão「〜はともかく」é usada quando o falante deseja mencionar que「〜」é algo importante mas que não vai falar sobre isso em detalhes naquele momento. Existe também a forma「〜はともかくとして」.

① あのレストランは値段はともかく、味はいい。

　　Preços à parte, a comida servida naquele restaurante é deliciosa.

② 彼は見た目はともかく、性格がいい。

　　Aparência à parte, ele tem um bom caráter.

③ 参加するかどうかはともかく、申し込みだけはしておこう。

　　Deixando de lado se vamos participar ou não, vamos, pelo menos, deixar feita a inscrição.

④ 上手に歌えたかどうかはともかく、頑張ったことは事実だ。

　　Deixando de lado se ela cantou bem ou não, a realidade é que se esforçou.

7. チームが勝つためには、彼らは意見の違いを乗り越えていかざるを得ない。

```
V forma-dic
               + ためには
S + の
```

「〜ためには」indica um objetivo. Depois de「〜ためには」, vem uma expressão que indica necessidade ou obrigação.

① マンションを買うためには、3,000万円くらい必要だ。

　　Para comprar um apartamento, você necessita cerca de 30 milhões de ienes.

② 医者になるためには、国家試験に合格しなければならない。

　　Para se tornar um médico, você precisa ser aprovado no exame nacional.

③ 新聞が読めるようになるためには、もっと漢字を勉強したほうがいい。

　　Para poder ler um jornal, é melhor que você estude mais *kanji*.

Além do emprego com os verbos na forma de dicionário conforme citado acima, esta expressão pode ser usada também com substantivo que expressa um acontecimento.

④ 勝利のためには、全員の力を合わせることが必要だ。

　　Para a vitória, devemos todos juntar nossas forças.

話す・聞く

8. 演劇は**決して**華やかなだけの世界では**ない**ということを覚えておいてほしい。

Depois de 「決して」, sempre vem uma forma negativa. Possui o mesmo significado de 「全く・全然・絶対（に）～ない」 e enfatiza a negação.

① 経営者側は自分たちの責任を決して認めようとはしなかった。

A diretoria não mostrou absolutamente sinal de admitir sua responsabilidade.

② 落とした財布が中身ごと戻ってくるということは決してめずらしくない。

Não é, de maneira alguma, raro que uma carteira perdida volte intacta junto com todo o seu conteúdo.

Lição 20

> 読む・書く

1. アフロヘアーの青年が山口五郎**のもとで**尺八修業を始めた。

A expressão「〜のもとで」significa「目上の人のいる場所で」e é usada para indicar que uma pessoa está aprendendo ou tendo suas habilidades desenvolvidas de/por alguma pessoa mais velha ou experiente.

① 新しい監督のもとでチーム全員優勝を目指して頑張っている。

　　Sob a direção do novo técnico, todos os membros do time estão se empenhando para obter a vitória.

② 4歳のときに親を亡くし、田舎の祖父母のもとで育てられた。

　　Perdi meus pais com 4 anos de idade e fui criado no interior por meus avós.

2. 尺八は本来**そう**であったように「いやし」の音楽としても注目されている。

Usa-se「そう」para indicar algo que vem em seguida. Por exemplo, na oração acima,「そう」se refere a「尺八が本来『いやし』の音楽であること」.

① この地域では、昔からそうであったように、共同で田植えをする。

　　Nesta região, a plantação de arroz é realizada em conjunto, como sempre tem sido feita.

② 誰でもそうだが、子どもを持って初めて親のありがたみを知る。

　　Como acontece com qualquer pessoa, somente depois de ter filhos é que sabemos o quão gratificantes são nossos pais.

3. すごい音楽がある**ぞ**。

「…ぞ」é uma partícula de final de oração usada para informar claramente ao ouvinte algo que ele desconhece. É usada somente por homens na conversação.

① 気をつけろ。このあたりは毒ヘビがいるぞ。

　　Cuidado! Por aqui há cobras venenosas!

② おーい。ここにあったぞ。

　　Ei! Aqui está!

4. 邦楽は日本の民族音楽である**と同時に**人類全体の財産である。

「〜と同時に」indica que duas coisas, que normalmente seriam difíceis de coexistir ou ocorrer juntas, coexistem ou ocorrem juntas.

① 酒は薬になると同時に毒にもなる。

O alcóol, ao mesmo tempo em que serve de remédio, é também um veneno.

② 遅く帰ってきた娘の顔を見て、ホッとすると同時に腹が立った。

Vendo o rosto da minha filha que voltou tarde à casa, eu me senti aliviada e, ao mesmo tempo, zangada.

5. 内容より形を重視する考えに従う**しかなかった**。

V forma-dic ＋ しかない

「～しかない」indica que não há escolha a não ser fazer「～」.

① 誰も手伝ってくれないなら、私がやるしかない。

Se ninguém me ajuda, tenho que fazer eu mesmo.

② 私にはとても無理な仕事だったので、断るしかなかった。

Era um trabalho realmente impossível para mim, assim, não tive escolha a não ser recusá-lo.

③ 国立大学と私立大学に合格したとき、私は経済的な理由で学費の安い国立大学に進学するしかなかった。

Quando fui aprovado tanto nos exames de uma universidade nacional como de uma universidade particular, por motivos econômicos, tive que ingressar na universidade nacional cujas despesas de estudo são baratas.

6. クリストファー遥盟・ブレイズデルさんは30年にわたる経験**の末**、こう語る。

S の
V forma-た ＋ 末[に]

「～の末」significa "enfim, após passar por adversidades". Há casos em que toma a forma「～の末に」.

① 苦労の末、画家はやっと作品を完成させることができた。

Enfim, após ter se esforçado bastante, o pintor conseguiu concluir a obra.

② その選手は、数週間悩んだ末、引退する決心をした。

Após afligir-se por várias semanas, esse atleta finalmente decidiu retirar-se (do mundo esportivo).

③ いろいろな仕事を渡り歩いた末に、結局最初の仕事に落ち着いた。

Após ter passado por vários serviços, no final, acabei me estabelecendo no primeiro trabalho.

7. 武満徹の作品の中で使われて以来、尺八は国際的に広がりをみせた。

```
V forma-て  }  +  以来
S
```

「〜て以来」significa o mesmo que「〜してからずっと」. Essa expressão não é usada para um passado recente, mas sim quando uma situação continua de um determinado momento de um passado relativamente distante até o momento presente.

① スキーで骨折して以来、寒くなると足が痛むようになった。

　　Desde que fraturei a perna praticando esqui, ela tem doído quando o tempo esfria.

② 結婚して以来ずっと、横浜に住んでいる。

　　Temos vivido em Yokohama desde que nos casamos.

③ 帰国して以来、一度も日本食を食べていない。

　　Desde que voltei, não comi comida japonesa nem uma só vez.

Além de se usar com verbo forma-て, a expressão pode ser empregada com substantivos que indicam tempo.

④ 去年の夏以来、父とは一度も会っていない。

　　Não tenho visto meu pai desde o verão do ano passado.

⑤ 大学卒業以来、ずっと司法試験合格をめざして勉強を続けてきた。

　　Desde que me formei na universidade, tenho continuado a estudar visando passar no Exame Nacional de Advogados.

8. アメリカには尺八を教える大学もあるくらいだ。

```
V
Aい     forma simples              }      { くらいだ。
Aな     forma simples              + 
        ーだ → ー／ーである      }      { くらい、…
```

Usa-se「くらい」para dar um exemplo extremo de forma a ilustrar o grau ou a extensão daquilo que foi dito antes. No exemplo ③ abaixo,「くらい」exemplifica o que vem depois. O termo pode ser substituído por「ほどだ」.

① 空港までは遠いので、朝7時に家を出ても遅いくらいだ。

　　Como o aeroporto fica longe, mesmo saindo de casa às 7 horas da manhã, pode se dizer que será tarde demais.

② このかばんはとてもよくできていて、偽物とは思えないくらいだ。

　　Esta bolsa é tão bem feita que é difícil acreditar que ela seja falsa.

③ この本は中学生でも読めるくらい簡単な英語で書かれている。

　　Este livro é escrito em um inglês tão simples que um estudante ginasial será capaz de lê-lo.

④ 北国の建物は冷房より暖房が行き届いているので、冬のほうが快適なくらいだ。

No norte, os edifícios são melhor equipados com aquecedores do que com condicionadores de ar, e até se pode dizer que eles são mais confortáveis para viver no inverno.

話す・聞く

9. 「ががまる」という四股名はニックネームの「ガガ」に師匠が期待**をこめて**、いい漢字を選んでくれました。

「～をこめて」significa「～の気持ちを持って」.
① これは子どものために母親が愛をこめて作った詩です。
   Estas são poesias que as mães escreveram com amor para os seus filhos.
② 今日はお客さんのために心をこめて歌います。
   Hoje, cantarei com todo o meu coração para o auditório.

10. 相撲の世界は努力すれ**ば**努力した**だけ**報いられる世界です。

「～ば～だけ」indica que será obtido um resultado porporcional ao que foi feito.
① 頭は使えば使っただけ柔かくなる。
   Quanto mais se usa a cabeça, mais aumenta sua flexibilidade.
② 苦労は大きければ大きいだけ財産になる。
   Quanto maior for o seu sofrimento, maior será o seu patrimônio.

11. 電話で母の声を聞い**たとたんに**、涙が出てきた。

V forma- た　+　とたん［に］

「～たとたん（に）」significa「～するとすぐに・～したあとすぐに」e é uma expressão usada para indicar um resultado inesperado de um acontecimento.
① 箱のふたを開けたとたん、中から子猫が飛び出した。
   No instante em que eu tirei a tampa da caixa, um gatinho pulou do seu interior.
② お金の話を持ち出したとたんに、相手が怒りだした。
   No momento em que toquei na questão do dinheiro, a pessoa com quem estava falando ficou furiosa.
③ テレビのＣＭでこの曲が使われたとたん、ＣＤの売上げが急激に伸びた。
   Assim que esta música foi usada num comercial de TV, as vendas do CD aumentaram repentinamente.

12. 外国人だ**からといって**、わがままは言えません。

Forma simples ＋ からといって

A expressão「〜からといって」é usada quando ocorre um resultado diferente daquele naturalmente esperado. Ela é seguida por uma forma negativa.

① 新聞に書いてあるからといって、必ずしも正しいわけではない。

Só pelo fato de que uma coisa está escrita no jornal, não significa que ela seja sempre correta.

② 便利だからといって、コンビニの弁当ばかり食べていては体によくないと思う。

Creio que não é bom para a saúde comer unicamente lanches vendidos nas lojas de conveniência só pelo fato de que eles são práticos.

③ 民主主義だからといって、何でも数で決めていいわけではない。

Só pelo fato de que vivemos em uma democracia, não significa que todas as questões podem ser decididas por números.

Lição 21

> **読む・書く**

1. 水を沸かし**もせずに**、そのまま生で飲める国など世界広しといえどもそう多くはない。

「〜もせずに」é uma expressão arcaica que significa "não fazer algo que normalmente se espera que seja feito".
① 父は具合が悪いのに、医者に行きもせずに仕事を続けている。
　　Mesmo se sentindo mal, meu pai continua trabalhando sem nem mesmo ir ao médico.
② 彼は上司の許可を得もせずに、新しいプロジェクトを進めた。
　　Ele levou adiante o novo projeto sem nem mesmo obter a autorização do seu chefe.

2. 水をそのまま生で飲める国など世界広し**といえども**そう多くはない。

「〜といえども」é uma expressão arcaica que significa「〜といっても」ou「〜ではあるが」.
① どんな大金持ちといえども、お金で解決できない悩みがあるはずだ。
　　Por mais que seja rica, uma pessoa deve ter problemas que não consegue resolver com o dinheiro.
② 名医といえども、すべての患者を救うことはできない。
　　Por mais que ela seja uma médica habilidosa, não poderá salvar todos os seus pacientes.

3. **よほど**英語が堪能な人**でも**、そう簡単には訳せないだろう。

「よほど〜でも」significa「非常に〜であっても」ou「どんなに〜であっても」.
① よほどけちな人でも、あの吉本さんには勝てないだろう。
　　Mesmo a pessoa mais mesquinha não poderia ser mais que o Sr. Yoshimoto.
② よほど不器用な人でも、この機械を使えば、ちゃんとした物が作れるはずだ。
　　Usando esta máquina, mesmo a pessoa mais desajeitada será capaz de fazer isso adequadamente.

4. 日本人が**いかに**水と密着して独自の水文化を築きあげてきた**か**がよくわかる。

「いかに〜か」é uma expressão usada para enfatizar「非常に〜である」.
① 朝のラッシュを見ると、日本人がいかに我慢強いかが分かる。
　　Vendo o rush da manhã, podemos entender o quão pacientes são os japoneses.

② 自然の力の前では人間の存在などいかに小さなものかを知った。

Perante a força da natureza, eu soube o quão insignificante é a existência do ser humano.

5. さすがの通人、二の句もつげなかったとか。

Forma simples ＋ とか。

「～とか。」é uma expressão usada na linguagem escrita informal que significa「～そうだ。(rumor)」, ou「はっきりとではないが～と聞いた。」.

① 隣のご主人、最近見かけないと思ったら、2週間前から入院しているとか。

Eu estava pensando que não via o marido da vizinha recentemente e, então, ouvi dizer que ele está hospitalizado há duas semanas.

② お嬢さんが近々結婚なさるとか。おめでとうございます。

Ouvi dizer que sua filha vai se casar em breve. Congratulações!

③ 先週のゴルフ大会では社長が優勝なさったとか。

Ouvi dizer que o presidente da sua companhia venceu o torneio de golfe da semana passada.

6. 私に言わせれば、「本当にそんな名水、まだ日本に残っているのかいな」と疑いたくなる。

S ＋ に ＋ 言わせれば／言わせると／言わせたら／言わせるなら

「～に言わせれば」é uma expressão acrescida a um substantivo que indica uma pessoa e significa「その人の意見では」. Isso quer dizer que a pessoa está citando uma opinião própria, diferente da de outras pessoas.

① 経済の専門家に言わせれば、円はこれからもっと高くなるらしい。

De acordo com especialistas em economia, o iene será ainda mais valorizado.

② 口の悪い弟に言わせると、「長」がつく人間は信用してはいけないそうだ。

De acordo com meu irmão mais novo, que é cínico, você não deveria confiar nas pessoas que têm título de "diretor".

③ 200年前の日本人に言わせたら、現代の若者が話している日本語は外国語みたいだと言うだろう。

Se pudéssemos ouvir os japoneses de 200 anos atrás, provavelmente eles diriam que o japonês falado atualmente pelos jovens parece ser uma língua estrangeira.

話す・聞く

7. 日本の食事スタイルの問題点を、データ**に基づいて**お話ししたいと思います。

S ＋ に基づいて

「〜に基づいて」significa "com base em「〜」". Quando modifica um substantivo, a expressão toma a forma「〜に基づいた」.

① この映画は、事実に基づいて作られている。
   Este filme é baseado em fatos verdadeiros.
② デパートでは、調査結果に基づいた新しいサービスを導入した。
   A loja de departamentos introduziu um novo serviço com base nos resultados de uma pesquisa.
③ 予想ではなく、経験に基づいて判断しました。
   Eu tomei a decisão com base na experiência, e não em estimativas.

8. 15年ほどの間に食事のとり方も大きく変化してきた**と言えます**。

```
V     ⎫
Aい   ⎬ forma simples ⎫
      ⎭                ⎬ ＋ と言えます
Aな     forma simples  ⎭
S       ―だ
```

「…と言える」significa「…と判断できる」.

① 日本の経済力を考えると、国際社会における日本の責任は大きいと言える。
   Quando se pensa no poder econômico do Japão, pode se dizer que é grande a responsabilidade do Japão na comunidade internacional.
② 人口増加によって、地球温暖化はますます進むと言えるのではないでしょうか。
   Podemos afirmar que o aquecimento global continuará a avançar cada vez mais como consequência do aumento da população.
③ お金があれば幸せだと言えるのでしょうか。
   Poderíamos dizer que o dinheiro traz felicidade?

9. 日本の食卓は豊かですが、**一方で**食の外部化率の上昇や「個食」の増加といったことが起きています。

…が、一方で
forma simples ＋ 一方で

「一方で」é uma expressão usada para apresentar uma declaração que contrasta com a anterior. Pode ser usada também na forma「一方では」ou「一方」.

① 日本は技術が進んだ国だが、一方で古い伝統文化も大切にしている。

O Japão é um país avançado tecnologicamente, mas por outro lado, preza sua cultura tradicional.

② 英語は小さい時から学ばせたほうがいいという意見もある一方で、きちんと母語を学んでからにしたほうがいいという意見もある。

Algumas pessoas dizem que é melhor as crianças aprenderem inglês desde pequenas, mas, por outro lado, outras opinam que é melhor fazê-lo depois de assimilar bem a língua materna.

③ コレステロール値が高いのは問題だが、一方ではあまり低すぎるのも長生きできないという調査結果がある。

O alto nível de colesterol é um problema, mas, por outro lado, pesquisas mostram que pessoas com um nível baixo demais também não podem viver por muito tempo.

10. このような現象は日本に限らず、ブラジルでも他の国でも起きている。

S ＋ に限らず

「〜に限らず」significa「〜だけでなく（ほかにも）」.

① このキャラクターは、子どもに限らず大人にも人気がある。

Este personagem é popular não somente entre as crianças, mas também entre adultos.

② 海外ではお寿司やてんぷらに限らず、豆腐料理なども人気がある。

No exterior, não somente sushi e tempurá, mas tofu e outros pratos também fazem sucesso.

③ バリアフリーとは障害を持った人やお年寄りに限らず、誰でもが快適に利用できるということです。

Quando algo é descrito como "livre de barreiras", além das pessoas com deficiência física ou idosas, todas as pessoas podem usá-lo confortavelmente.

Lição 22

読む・書く

1. ネクロロジー集に玉稿をたまわりたく、お手紙をさしあげた**次第**です。

Usando-se na forma「forma descontínua/forma-て、〜次第です」ou「〜次第です。」, a expressão significa「〜という理由で、…しました。」。「〜という次第で、…」significa「〜という理由で、…」.

① 関係者が情報を共有すべきだと考え、皆様にお知らせした次第です。

Nós comunicamos a todos os senhores porque acreditamos que a informação deve ser compartilhada com todas as partes relacionadas.

② 私どもだけではどうしようもなく、こうしてお願いに参った次第でございます。

Não há meios para resolvermos a situação por nós mesmos, assim, vimos aqui para solicitar cooperação aos senhores.

2. それ**をもって**「客観的評価」**とされている**ことに私たちはあまり疑問を抱きません。

「〜をもって…」indica「〜を…と見なす」(é considerado como).

① 出席率、授業中の発表、レポートをもって、評価とします。

Os estudantes serão avaliados levando em consideração a taxa de assiduidade, apresentações durante as aulas e relatórios.

② 拍手をもって、賛成をいただいたものといたします。

Consideraremos que recebemos a aprovação dos senhores com base nos aplausos.

3. 小社**におきましては**、目下『私の死亡記事』というネクロロジー集を編纂中です。

S ＋ におきましては

「〜においては／〜におきましては」é uma expressão que restringe a extensão de algo e é um modo formal de dizer「〜では」. Em especial,「〜におきましては」é ainda mais formal. Por isso, em textos formais, é preferível se usar estas expressões no lugar de「〜では」.

① 経済成長期の日本においては、収入が2〜3年で倍になることもあった。

No Japão, durante o período de rápido crescimento econômico, algumas pessoas tiveram suas rendas duplicadas em dois ou três anos.

② 外国語の学習においては、あきらめないで続けることが重要だ。

No aprendizado de um idioma estrangeiro, o importante é continuar estudando sem desistir.

③ 皆様におかれましてはお元気にお過ごしのことと存じます。

Espero que todos os senhores estejam bem.

4. 本人が書いた死亡記事は、時代を隔てても貴重な資料になり**うる**のではないか。

V forma- ます ＋ うる／える

「～うる／える」significa o mesmo que「～ことができる」. Em *kanji*, escreve-se「得る」e pode ser lido nas duas formas, mas a leitura「うる」é mais usada. Sua forma negativa é「えない」.

① 就職に関する問題は彼一人でも解決しうることだ。

Ele poderá resolver os problemas relacionados ao emprego por si próprio.

② 今のうちにエネルギー政策を変更しないと、将来重大な問題が起こりうる。

Caso a política de energia não seja modificada logo, sérios problemas poderão ocorrer no futuro.

③ 彼女が他人の悪口を言うなんてことはありえない。

É impossível que ela fale mal de outras pessoas.

Embora se assemelhe bastante com「～ことができる」, é possível se usar「～うる／える」como verbo não volitivo (que não expressa a intenção do sujeito), enquanto que se pode usar「～ことができる」somente como verbo volitivo.

④ この問題は容易に解決することができる／解決しうる。

Este problema pode ser facilmente resolvido.

⑤ 日本ではいつでも地震が起こりうる。

No Japão, um terremoto pode ocorrer a qualquer momento.

Normalmente, não se usa「～うる／える」em orações que possuem uma pessoa como seu sujeito.

⑥ 田中さんは100メートルを10秒台で走ることができる。

O Sr. Tanaka pode correr 100 metros em menos de 11 segundos.

5. 氏は生前、三無主義を唱えていたため、遺族もこれを守り、その結果、氏の死の事実が覆い隠されることになった**のであろう**。

V
Aい } forma simples
Aな } forma simples   ＋ のであろう／のだろう
S   } ―だ → な

「～のであろう（のだろう）」indica que o falante está supondo o motivo ou dando uma interpretação conjectural de uma circunstância exposta na oração antecedente.

① 洋子さんは先に帰った。保育所に子どもを迎えに行ったのだろう。

Yoko foi embora antes de nós. Provavelmente ela foi buscar os filhos na creche.

② ガリレオは「それでも地球は回る」と言った。地動説への強い信念があったのであろう。
　　Galileu disse "Contudo ela (a Terra) se move", provavelmente porque tinha uma forte convicção no heliocentrismo.
③ 田中さんがにこにこしている。待ち望んでいたお子さんが生まれたのだろう。
　　O Sr. Tanaka está sorridente. Provavelmente o seu esperado bebê deve ter nascido.
④ 山田さんの部屋の電気が消えている。彼は出かけているのだろう。
　　A luz do quarto do Sr. Yamada está apagada. Provavelmente ele deve ter saído.

No exemplo ④, 「彼は出かけている」é uma interpretação conjectural de 「山田さんの部屋の電気が消えている」. Caso o falante não tenha dúvida de que sua interpretação é correta, ele usa 「のだ」ao invés de 「のだろう」, como se indica abaixo.

　　・山田さんの部屋の電気が消えている。彼は出かけているのだ。

Em outras palavras, 「のだろう」significa 「の（だ）＋だろう」.「のかもしれない」e 「のにちがいない」indicam a mesma relação.

6. 遺族は残された遺灰を、一握りずつ因縁のある場所に散布している**と思われる**。

V
Aい 　 } forma simples
Aな 　 } forma simples 　 } ＋　と思われる
S 　 }　ーだ

「〜と思われる」é uma expressão usada na linguagem escrita quando uma pessoa deseja indicar sua opinião. Na linguagem escrita, em especial em teses e dissertações, é comum se usar 「〜と思われる」, e não 「〜と思う」. De forma similar, emprega-se 「〜と考えられる」.

① 世界の経済の混乱はこの先5、6年は続くと思われる。
　　Acredito que a caótica econômica global continue pelos próximos cinco ou seis anos.
② 彼の指摘は本社の経営上の問題の本質を突いていると思われる。
　　Penso que seus comentários tocaram no ponto principal dos problemas administrativos da companhia.
③ エコロジーは世界中で必要な思想だと思われる。
　　Acredito que a ecologia é uma ideia necessária em todo o mundo.

話す・聞く

7. 保育所がない。あった**としても**、費用が高い。

「〜ない。〜たとしても、…。」implica que 「…」é consequência natural de 「〜ない」, da mesma forma que 「〜ないから…。」.「〜たとしても」é o mesmo que 「たとえ〜たとしても…」e indica que, mesmo quando 「〜」é aceito até um certo nível, não significa 「…ない」, resultando em 「…」.

① 村には電気はなかった。ろうそくはたとえあったとしても高価でとても買えなかった。[だから、夜は勉強ができなかった]

Não havia eletricidade na vila, e mesmo que houvesse velas, elas eram tão caras que eu não tinha condições de comprá-las. (Por isso não podia estudar à noite.)

② そのホテルにはぜひ一度夫婦で泊まってみたいのですが、希望の土曜日になかなか予約が取れません。土曜日に予約が取れたとしてもシングルの部屋しか空いていないのです。[だから、泊まれません]

Eu e minha esposa queremos tentar nos hospedar naquele hotel pelo menos uma vez, mas é difícil conseguir reservar um quarto num sábado que é o dia desejado por nós. E, mesmo que consigamos uma reserva, há somente quartos para solteiros disponíveis. (Por isso, não podemos nos hospedar.)

③ パワーポイントで作成したファイルを受け取ったのですが、開くことができなかったり、開いたとしても内容が読み取れません。[だから、困っています]

Recebi um arquivo elaborado em PowerPoint, mas, ou eu não posso abri-lo, ou mesmo quando consigo abri-lo, não posso ler seu conteúdo. (Por isso, estou em problemas.)

8. これでは子どもを産**もうにも**産め**ない**と思うのですが。

「～(よ)うにも…ない」significa o mesmo que「～したいのだが、…することができない」.

① 上司や同僚がまだ仕事をしているので、帰ろうにも帰れない。

Meu chefe e meus colegas ainda estão trabalhando, assim, não posso voltar para casa mesmo que eu queira.

② パスワードが分からないので、データを見ようにも見られない。

Não conheço a senha, assim, não posso ver os dados mesmo que eu queira.

9. お年寄りだけの家庭では負担の**わりに**受ける恩恵が少ない。

「～わりに…」significa que "「…」não pode ser tanto quanto se imagina a partir de「～」".

① 映画「王様のスピーチ」はタイトルのわりにはおもしろかった。

O filme "O Discurso do Rei" foi mais interessante do que eu imaginava pelo título.

② この王様は幼い頃、いじめられたわりにはまっすぐな性格をしている。

Este rei tem um caráter mais franco do que se espera de uma pessoa que foi maltratada quando era criança.

10. 希望する人は全員保育所に入れるようにする**べき**です。

```
V forma-dic  ⎫
A くある      ⎬ + べきだ
S・Aな である  ⎭
```

「～べきだ」significa que「～」deve ser feito. É uma forma mais enfática que「～したほうがいい」.

① 豊かな国は貧しい国を援助するべきだ。

　　Países ricos devem ajudar países pobres.

② 子どもの前で夫婦げんかをすべきではない。

　　Os pais não devem brigar na frente dos filhos.

③ もう少し早く家を出るべきだった。電車に乗り遅れてしまった。

　　Deveríamos ter saído um pouco mais cedo de casa. Acabamos perdendo o trem.

Sua forma negativa é「～べきではない」, e a forma「～ないべきだ」não existe.

④ 友人の秘密を他人に{○話すべきではない・×話さないべきだ}。

　　Uma pessoa não deve contar os segredos do seu amigo para os outros.

É similar a「～なければならない」, mas o uso das duas expressões é diferente, como se indica abaixo.

a. É possível se usar somente「なければならない」em questões determinadas por leis e regulamentos:

⑤ 義務教育の年齢の子どもを持つ親は、子どもを学校に{○通わせなければならない・×通わせるべきだ}。

　　Pais com filhos em idade escolar devem mandar as crianças para a escola.

b. 「べきだ」é uma forma mais adequada quando o falante expressa uma recomendação ao ouvinte:

⑥ 大学生のうちに、M. ヴェーバーの『職業としての学問』を{○読むべきだ・?読まなければならない}。

　　Você deve ler *A Ciência como Vocação* de Max Weber enquanto está na universidade.

Neste exemplo, caso o falante use「なければならない」, significa「大学生のうちにこの本を読むことが義務である」(estudantes universitários são obrigados a ler este livro). A nuance é diferente daquela expressa por「べきだ」, que implica que o falante acredita que os estudantes necessitam ler o livro (mas não são obrigados a fazê-lo).

11. 育児休暇が取りやすいように、**というより**、みんなが取らなければならないように法律で縛ればいいんじゃないでしょうか。

```
forma simples ⎫
  Aな         ⎬ + というより
  S           ⎭
```

「～というより、…」é um modo de indicar "eu gostaria de corrigir 「～」, que eu citei, e dizer 「…」, que é um modo mais apropriado para expressá-lo".

① 治す医療、というより、人間がもともと持っている回復する力に働きかける医療が求められている。

Mais do que uma medicina que tenta curar os males, as pessoas desejam um tipo de tratamento que trabalha para ativar sua força inata de restauração.

② ゴッホにとって絵は、描きたいというより、描かなければならないものだった。

Para Van Gogh, as pinturas eram algo que, mais do que ele queria pintar, ele tinha que pintar.

③ 歴史を学ぶことは、過去を知るというより、よりよい未来を築くためなのです。

Estudar história é, mais do que conhecer o passado, tentar construir um futuro ainda melhor.

Lição 23

> 読む・書く

1. 一度失敗すると、あとのつけは数百年**に及ぶ**可能性がある。

「～に及ぶ」indica que o que é expresso como sujeito da oração se estende até「～」.
① 害虫による松の被害は県内全域に及んでおり、元の状態に回復するにはかなりの時間がかかるだろう。

　Os danos causados por insetos em pinheiros se estendem por todas as partes da província, e provavelmente, será necessário um tempo considerável para se restaurar até a situação original.
② 2004年の大津波の被害はインドネシアからインドの海岸にまで及んだ。

　Os danos do enorme tsunami de 2004 se estenderam da Indonésia até a costa da Índia.
③ 議論は国内問題にとどまらず国際問題にまで及び、今回の会議は非常に実りのあるものとなった。

　A discussão não se restringiu às questões domésticas, mas abordou até os problemas internacionais, fazendo com que esta conferência fosse extremamente frutífera.

2. 一度失敗すると、あとのつけは数百年に及ぶ**可能性がある**。

A sentença acima indica que「P が起きる可能性がある」.
① あの学生は基礎的な学力があるし、努力家だから、これから大きく伸びる可能性がある。

　Aquele estudante possui capacidade acadêmica básica e é esforçado, assim, ele tem potencial para se desenvolver bastante no futuro.
② 携帯電話は非常時の連絡に便利だが、場所によってはかからなくなる可能性もある。

　Os telefones celulares são práticos para contatar pessoas em uma emergência, mas, dependendo do lugar, é também possível que eles não funcionem.

3. 「コモンズの悲劇」という有名な言葉がある。**この**言葉は地球の環境と人間活動を考える上でとても重要な意味をもつようになってきた。

この　＋　S

Ao se referir a uma palavra ou oração que acabou de ser mencionada e ao falar essa palavra ou oração dando-lhe uma nova denominação, usa-se「この」e não「その」. Nesse caso, o substantivo que vem depois de「この」designa algo, tal como「言葉」,「表現」,「言い方」,「ニュース」ou「知らせ」, que contém, ele próprio, a informação, e que pode ser dita na forma「～という S」.

① 「生きるべきか死ぬべきかそれが問題だ」。この言葉はシェークスピアの『ハムレット』に出てくるものだ。

"Ser ou não ser, eis a questão". Esta frase aparece em *Hamlet* de Shakespeare.

② 「本店は来月いっぱいで閉店します」。この発表を聞いたとき、大変驚いた。

"A matriz será fechada no fim do próximo mês". Quando ouvi este anúncio, fiquei muito surpreso.

③ 「ワールドカップ2010でスペインが優勝した」。このニュースを私は病院で聞いた。

"A Espanha venceu a Copa do Mundo de 2010". Ouvi esta notícia quando estava no hospital.

4. 「コモンズの悲劇」という言葉は地球の環境と人間活動を考える上で重要な意味をもつ。

V forma-dic／V forma-た ＋ 上で

(1) A expressão 「forma-dic ＋ 上で」 indica alguma coisa necessária ou importante para se realizar uma ação que acaba de ser mencionada.

① お見舞いの品を選ぶ上で、気をつけなければならないことはどんなことですか。

Que tipo de cuidados tenho que tomar ao escolher um presente para levar a uma pessoa enferma?

② 今回の災害は今後の防災を考える上で、非常に重要なものとなるにちがいない。

O desastre desta ocasião será, com certeza, muito importante quando pensarmos na prevenção de futuros desastres.

③ 新しい会社をつくる上で、この会社で得た経験が役に立つと思います。

Creio que a experiência que obtive nesta empresa será útil para iniciar minha nova companhia.

④ 値段を決める上で、最も重要なのは製品のコストだ。

O item mais importante para decidir o preço de um produto é o seu custo.

⑤ 人間が成長する上で、愛情は欠かせないものだ。

O amor é indispensável para o crescimento dos seres humanos.

⑥ 論文を読む上で大切なことは、筆者の意見をそのまま受け入れるのではなく、常に批判的に読むことである。

Uma coisa importante ao ler uma tese é lê-la sempre criticamente e não aceitar as opiniões do autor da forma como elas foram colocadas.

(2) 「V forma-た ＋ 上で」 indica uma ação a ser desempenhada após completar uma ação previamente mencionada.

⑦ 次回の授業には、この論文を読んだ上で参加してください。

Por favor, venham à próxima aula após ler esta tese.

5. 地球環境を制御するシステムの理解が深まる**につれて**、無数の解決策が見えてくるであろう。

$$\left.\begin{array}{l} S \\ V \text{ forma-dic} \end{array}\right\} + につれて$$

「〜につれて…」significa "quando uma mudança substitui um acontecimento「〜」, uma mudança correspondente「…」toma lugar".

① 日本語が分かってくるにつれて、日本での生活が楽しくなった。
   À medida que eu comecei a entender o japonês, a vida no Japão tornou-se mais divertida.
② あのとき謝ったけれど、時間が経つにつれて、腹が立ってきた。
   Naquela hora, eu pedi desculpas, mas à medida que o tempo foi passando, comecei a sentir cólera.
③ 調べが進むにつれて、事実が明らかになると思われる。
   Creio que à medida que se dá prosseguimento às investigações, os fatos se tornarão claros.
④ 子どもの成長につれて、家族で過ごす時間が減ってきた。
   À medida que os filhos crescem, o tempo que passamos todos em família tem diminuído.

話す・聞く

6. 悲しい**ことに**、インドネシアには絶滅の恐れのある鳥類が141種もいます。

A expressão「adjetivo-い/adjetivo-な＋ことに、〜」indica as emoções ou a avaliação da pessoa que fala ou escreve em relação ao que diz toda a oração. Pode ser substituída por「〜ことは adjetivo-い/adjetivo-な（ことだ）」. Em caso de emprego com verbos, pode ser usada somente com alguns, tais como「困った」ou「驚いた」.

① おもしろいことに、メキシコとエジプトは遠く離れているにもかかわらず、同じようなピラミッドが造られている。
   Interessantemente, apesar de o México e o Egito se localizarem distantes um do outro, pirâmides do mesmo tipo foram construídas em ambos os países.
② 残念なことに、オリンピックから野球がなくなった。
   Lamentavelmente, o beisebol foi retirado dos Jogos Olímpicos.
③ 驚いたことに、40年ぶりに訪ねた故郷の小学校がなくなっていた
   Surpreendentemente, quando visitei a escola primária onde estudei na minha terra natal após 40 anos, a escola já não existia.

7. インドネシアには絶滅の**恐れのある**鳥類が141種もいます。

「恐れがある」significa "há possibilidade de que alguma coisa ruim aconteça". Para modificar um substantivo é possível se usar「恐れがある S」ou「恐れのある S」.

① 台風13号は九州に上陸する恐れがあります。

Há receio de que o Tufão Nº 13 possa atingir Kyushu.

② やけどの恐れがありますから、この機械に絶対に触らないでください。

Como há risco de queimaduras, por favor, não toque nesta máquina de nenhuma maneira.

8. ブナ林のすばらしさは言うまでもありません。

「V forma-dic ＋ までもない」significa "obviamente, não há necessidade de fazer「～」".

① 彼女の返事は聞くまでもない。イエスに決まっている。

Não necessito ouvir a resposta dela. É certo que é "sim".

② 彼の息子なら大丈夫だろう。会うまでもないさ。

Se é filho dele, não tem problema. Não preciso nem encontrá-lo.

9. 東北へ旅行に行ったとき、白神山地でクマゲラと偶然出合ったのです。それがきっかけで、クマゲラと森について考えるようになりました。

S をきっかけに
S がきっかけで

「～がきっかけで／～をきっかけに、V」significa que「～」serviu como uma ocasião ou oportunidade para iniciar a fazer V.

① 小学生の頃プラネタリウムを見たことがきっかけで、宇宙に興味を持つようになった。

Eu passei a ter interesse pelo espaço após ter visitado um planetário quando estava na escola primária.

② 今回のビル火災をきっかけに、各階にスプリンクラーの設置が義務づけられた。

Tornou-se obrigatório instalar sprinklers em cada andar após o recente incêndio no edifício de escritórios.

③ 通学の電車で彼女の落とし物を拾ってあげました。それをきっかけに話すようになり、今では大切な親友の一人です。

Eu peguei uma coisa que ela deixou cair no trem a caminho da escola. Com isso, começamos a conversar e, agora, ela é uma das minhas melhores amigas.

10. 白神山地にはクマゲラをはじめ、多種多様な動植物が見られます。

S ＋ をはじめ

「～をはじめ」indica o primeiro em uma enumeração de itens.

① カラオケをはじめ、ジュードー、ニンジャなど、世界共通語になった日本語は数多くある。

Há muitas palavras japonesas karaokê, judô e ninja foram adotadas em comum no mundo.

② 世界には、ナスカの地上絵をはじめ、ネッシー、バミューダ・トライアングルなどいまだ多くの謎が存在する。

Existem ainda muitos mistérios no mundo, tais como as Linhas de Nazca, o Monstro do Lago Ness e o Triângulo das Bermudas.

③ 市長をはじめ、皆様のご協力で今日のこの日を迎えることができました。

Foi possível chegar a este dia, graças à cooperação do prefeito e de todos os senhores.

Lição 24

読む・書く

1. 世の中には型にあら**ざる**ものはない、といってもいいすぎではない。

   「V <s>ない</s> ＋ ざる S」é uma forma arcaica usada para modificar um substantivo com「V- ない」.
   ① 歴史にはまだまだ知られざる事実があるはずだ。

   　　Muitos fatos históricos ainda devem permanecer desconhecidos.
   ② 「見ざる、聞かざる、言わざる」は一つの生き方を示している。

   　　"Não ver, não ouvir, não falar" indica a forma de viver de uma pessoa.

   As formas arcaicas remanesceram no idioma somente como parte de expressões comuns, e seu uso é restrito principalmente aos seguintes casos (e mesmo essas formas não são usadas muito frequentemente).

   ・～にあらざる（～ではない）
   ・欠くべからざる（欠かせない、不可欠な）
   ・知られざる（知られていない）

2. 上は宗教から、芸術**から**、生活**に至るまで**、型にはまってないものは一つとしてありません。

   Citando itens de lados extremos de um grupo,「～から～に至るまで…」indica que「…」se aplica a todas as coisas do grupo.
   ① 自転車のねじから人工衛星の部品に至るまで、どれもこの工場で作っています。

   　　Produzimos tudo nesta fábrica, desde parafusos para bicicletas a componentes de satélites artificiais.
   ② クラシックから J-pop に至るまで、当店ではどんなジャンルの音楽でもご用意しております。

   　　Oferecemos todos os gêneros de música na nossa loja, desde a clássica à J-pop.

3. その竹の一片に彼の肉体と精神をまかせ**きった**ことと思います。

   「～きる」significa o mesmo que「完全に～する」. Por sua vez,「verbo de ação ＋ きる」significa「最初から最後まで～する」, conforme se vê no exemplo ①.
   ① 彼はマラソンで 42.195km を走りきった。

   　　Ele conseguiu completar os 42.195 km da maratona.
   ② 赤ちゃんは安心しきった表情で母親の胸で眠っている。

   　　O bebê está dormindo no colo da mãe com uma expressão totalmente serena.
   ③ 山本さんは疲れきった顔で座り込んでいる。

   　　O Sr. Yamamoto está sentado na cadeira com um aspecto completamente exausto.

4. それは、しかし天才ならぬ我々にとって、唯一の、利休へ近づく道であります。

「V ない + ぬ S」é a forma de V forma- ない modificando um substantivo. Em particular, 「S_1 ならぬ S_2」 significa 「S_1 ではない S_2」.

① それが、永遠の別れになるとは、神ならぬ私には、予想もできなかった。
Não sendo Deus, eu não poderia imaginar que aquela ocasião seria a nossa despedida final.

② いつか宇宙に行きたいと思っていたが、それがついに夢ならぬ現実となった。
Eu sonhava em ir ao espaço um dia e, finalmente, isso se tornou uma realidade não ficando somente no sonho.

5. なんでも型にはめさえすれば、間違いは、おこり得ないのです。

```
S
V forma- ます  －ます  }  + さえ…ば
V forma- て

Aい  －い  →  くさえあれば

Aな  }  －だ  +  でありさえすれば
S
```

「～さえ…ば、…」 significa o mesmo que 「～が満たされれば、それだけで…には十分だ」 (ou seja, a condição 「～」 é suficiente). Por exemplo, a oração 「この薬を飲みさえすれば、治りますよ。」 significa 「この薬を飲めば、他のことは何もしなくても治る」.

① 非常用として３日分の水と食料を蓄えておきさえすれば、あとは何とかなる。
Estocando água e alimentos suficientes para três dias em caso de emergência, dá se um jeito.

② このグラウンドは、市役所に申し込みさえすれば、誰でも使えます。
Fazendo um requerimento na prefeitura, qualquer pessoa pode usar este campo de jogo.

③ 家族が健康に暮らしてさえいれば、十分に幸せです。
Se minha família estiver vivendo com saúde, estarei suficientemente feliz.

As seguintes formas são usadas quando se acrescenta 「さえ」.

a. Em caso de um verbo: Vます + さえすれば (exemplo: 読む→読みさえすれば)

b. Em caso de uma expressão que inclui V forma- て: Vて さえいれば(さえくれば…) (exemplo: 読んでいる → 読んでさえいれば)

c. Em caso de um adjetivo- い : A く さえあれば (おもしろい→おもしろくさえあれば)

d. Em caso de um A- な /S + だ: A- な /S でありさえすれば (exemplo: 静かだ→静かでありさえすれば, 日本だ→日本でありさえすれば)

6. 型にはまってないものは一つ**として**あり**ません**。

Palavras que começam com um, como, por exemplo: 一日、一時、（誰）一人、（何）一つ ＋ として〜ない

「（expressões que incluem 一）として〜ない」significa「〜でないものはない、すべてのものが〜だ」.
① 似ている声はありますが、調べてみると同じ声は一つとしてありません。
　　Algumas vozes são parecidas, mas verificando-as, descobri que não existe nenhum caso em que duas vozes sejam iguais.
② 皆が励まし合った結果、一人としてやめたいと言う者はいなかった。
　　Como todos se encorajaram mutuamente, não houve uma única pessoa que quisesse desistir.
③ 故郷で暮らす母を思わない日は一日としてありません。
　　Não há um único dia em que não pense na minha mãe que vive na cidade onde eu nasci.

7. たった一人で、人跡絶えた山奥にでも住まぬ**以上**、型にはまらないで暮らすわけにはゆきません。

V forma simples ＋ 以上（は）

「V forma simples（〜）＋ 以上…」significa "afirmar ou declarar「…」tendo confirmado que「〜」é verdade".
① 相手が「うん」と言わぬ以上、あきらめるしかありません。
　　Uma vez que a outra parte não diga "sim", não há outra forma a não ser desistir.
② 家賃が払えない以上、出ていくしかない。
　　Uma vez que não posso pagar o aluguel, não há outro jeito a não ser deixar a casa.
③ 結論が出た以上、実施に向けて計画を進めます。
　　Uma vez que chegamos a uma conclusão, vamos prosseguir para colocar o plano em execução.

8. 面倒くさいきずなを、ズタズタに切りさか**ぬかぎり**、社会人たる私達は、なんといおうと、型にはまらないで暮らすわけにはゆきません。

V ない／ぬ ＋ かぎり

「〜ない／〜ぬ限り、…」significa「〜がなければ…はない」.「〜ぬ」é uma forma arcaica.
① 私が病気にでもならぬかぎり、この店は売りません。
　　Não venderei esta loja, a menos que eu fique enfermo.
② あきらめないかぎり、チャンスは必ず来ると思う。
　　A menos que eu não desista, penso que, com certeza, virá uma oportunidade.

③ ご本人の了承がないかぎり、個人情報はご提供できません。

Não podemos fornecer informações pessoais, a menos que haja consentimento da própria pessoa.

9. 面倒くさいきずなを、ズタズタに切りさかぬかぎり、社会人たる私達は、なんといおうと、型にはまらないで暮らす**わけにはゆきません**。

V forma-dic ／ V forma- ない ＋ わけにはい（ゆ）きません

「～わけにはい（ゆ）かない」significa "fazer「～」é inaceitável/impossível".「わけにはいかない」é uma expressão frequentemente usada em conjunto com frase tal como「～（だ）から／～くて」que indica um motivo.

① どんなに生活に困っても、子どもの学費のために貯金してきたこのお金を使うわけにはいかない。

Por mais que passemos por dificuldades, não devemos usar este dinheiro que economizamos para pagar os estudos dos nossos filhos.

② 遅刻も１回、２回なら許してもいいが、３回も４回も重なると許すわけにはいかない。

Posso deixar passar um ou dois atrasos, mas não posso perdoar se eles acontecem três ou quatro vezes.

③ 失業中だからといって、親に頼るわけにはいかない。

Mesmo estando desempregado, não posso depender dos meus pais.

10. 本人にはちっとも型をつくる気はなかったのに、その人々が利休をしのぶ**あまりに**、茶道の型をでっち上げたのです。

S の あまり ［に］
V forma-dic ＋ あまり ［に］

「~~simples~~ → V forma-dic/substantivo ＋ の ＋ あまり（に）…」significa「とても～で、その結果…（てしまう）」。

① 子どものことを心配するあまり、つい電話をしては嫌がられている。

De tanto me preocupar com meu filho, acabo lhe telefonando e fazendo-o sentir-se incomodado comigo.

② ダイエットに励むあまり、病気になった。

De tanto se dedicar a dietas, ela se enfermou.

③ 彼は驚きのあまりに、手に持っていたカップを落としてしまった。

De tanto susto, ele acabou derrubando a xícara que estava segurando.

Itens de Aprendizado

*Os itens gramaticais apresentados em "Leitura e Escrita" e "Conversação e Compreensão Oral" são indicados como Itens de Compreensão e Itens de Criação.

Lição	読む・書く (Leitura e Escrita)	話す・聞く (Conversação e Compreensão Oral)
Lição 13	ゲッキョク株式会社 (かぶしきがいしゃ) (Gekkyoku Kabushiki Gaisha)	勘違いしてることってよくありますよね (かんちが) (É bastante comum termos tido mal-entendidos, não é?)
Objetivo	• Ler o ensaio. • Captar os sentimentos do autor que mudam durante o transcorrer do tempo.	• Continuar a conversar, bater papo, dialogar em situações sociais do cotidiano. • Contar o episódio
Itens de Compreensão	1．〜たて 2．たとえ〜ても 3．〜たりしない	5．…んだって？
Itens de Criação	4．〜ほど	6．〜ながら 7．つまり、…という／ってことだ 8．…よね
Lição 14	海外で日本のテレビアニメが受けるわけ (う) (Motivos da popularidade dos animês japoneses de televisão no exterior) • Ler o comentário. • Ler procurando os motivos. • Captar a relação entre duas coisas.	謎の美女と宇宙の旅に出るっていう話 (なぞ)(びじょ)(うちゅう) (História que fala de uma viagem ao espaço com uma mulher bela e misteriosa) • Narrar a história. • Estimular a outra parte a falar mais. • Pesponder com simpatia, expressar a impressão.
Objetivo		
Itens de Compreensão	1．〜際 (さい) 2．〜といった 3．〜に（も）わたって	10．…っけ？ 11．〜げ

Itens de Criação	4．～うちに 5．～にとって 6．～とは 7．～において 8．…わけだ 9．…のではないだろうか	
Lição 15	働かない「働きアリ」 ("Formiga trabalhadora" que não trabalha)	イルワンさんの右に出る人はいないということです (Dizem que não existe melhor pessoa que o Sr. Ilwan.)
Objetivo	• Ler o texto explicativo. • Ler o texto que mostra as condições e a conclusão.	• Continuar a conversa, cortar a conversa no meio. • Elogiar, mostrar modéstia
Itens de Compreensão	1．…という 2．～たびに	7．…ほどのものじゃない 8．～だけでなく
Itens de Criação	3．～に関する 4．…わけではない 5．…のではないか 6．…のだ（falando em outras palavras）	9．～といえば
Lição 16	個人情報流出 (Vazamento de informações pessoais)	不幸中の幸いだよ (Dos males, o menor. (lit.: Uma coisa boa em meio a muitas infelicidades.))
Objetivo	• Ler artigos de jornal (página de notícias em geral). • Captar rapidamente as linhas gerais do artigo. • Ler e entender as relações dos fatos.	• Falar sobre experiências amargas. • Consolar, animar.
Itens de Compreensão	1．～に応じる・～に応じて 2．～によって 3．～とみられる 4．…としている	8．あんまり…から

Itens de Criação	5．～にもかかわらず 6．…とともに 7．～たところ	9．…ところだった 10．～に限（かぎ）って
Lição 17 Objetivo	暦（こよみ） (Calendário) • Ler o comentário. • Ler e entender os episódios relacionados com os fatos.	もうお兄（にい）ちゃんだね (Já está bem crescidinho, não?) • Diferenciar o modo de chamar as pessoas dependendo de quem é a outra parte. • Diferenciar o estilo de fala dependendo de quem é a outra parte.
Itens de Compreensão	1．～からなる 2．～としては 3．～上（じょう） 4．～により	7．～てはじめて 8．～ったら
Itens de Criação	5．～ことから 6．～ざるを得（え）ない	9．～にしては 10．…からには 11．～でしょ。
Lição 18 Objetivo	鉛筆削り（えんぴつけずり）（あるいは幸運（こううん）としての渡辺昇（わたなべのぼる）①） (Apontador de lápis (ou Watanabe Noboru que me trouxe a sorte ①)) • Ler o romance. • "Curtir" um livro entendimento acompanhando os atos e os pensamentos e sentimentos dos personagens.	あなたこそ、あの本の山はいったい何（なん）なの！ (E você? O que é aquela pilha de livros?) • Reclamar, replicar. • Restaurar a relação pedindo desculpas, reconhecendo o ponto de vista da outra parte.
Itens de Compreensão		4．～た 5．だって、…もの 6．～たところで

Itens de Criação	1．…に違いない 2．〜に比べて 3．…ものだ・ものではない		7．〜だって 8．〜こそ
Lição 19	ロボットコンテスト 　　　－ものづくりは人づくり－ (Concurso de robôs - A criação de coisas é a formação do ser humano -)		ちょっと自慢話になりますが (Não é que eu queira me gabar, mas... (lit.: Estou me gabando um pouco, mas...))
Objetivo	• Ler e entender o que o autor quer dizer, os fatos e a avaliação. • Compreender exatamente a opinião do autor.		• Falar, de forma organizada, sobre experiências e impressões. • Fazer um discurso de improviso em uma reunião.
Itens de Compreensão	1．〜を対象に 2．〜ばかりでなく		8．決して〜ない
Itens de Criação	3．〜にほかならない 4．〜を通して 5．〜から〜にかけて 6．〜はともかく 7．〜ためには		
Lição 20	尺八で日本文化を理解 (Compreensão da cultura japonesa através do shakuhachi (pífaro japonês))		なぜ、日本で相撲を取ろうと思われたのですか (Por que pensou em lutar sumô no Japão?)
Objetivo	• Ler artigos de jornal (página cultural). • Conhecer a pessoa através do perfil.		• Fazer uma entrevista. • Pensar na ordem da entrevista. • Saber como é a pessoa através da entrevista.
Itens de Compreensão	1．〜のもとで 2．そう 3．…ぞ。 4．…と同時に		9．〜をこめて 10．〜ば〜だけ

Itens de Criação	5．〜しかない 6．〜の末_{すえ} 7．〜て以来 8．…くらい	11．〜たとたん（に） 12．〜からといって
Lição 21	日本の誇_{ほこ}り、水文化_{みずぶんか}を守_{まも}れ (Protejamos a cultura da água, o orgulho do Japão.)	発表：データに基_{もと}づいてお話ししたいと思います (Apresentação:Gostaria de falar com base nos dados.)
Objetivo	• Ler o texto que esclarece o ponto de vista. • Ler e entender a opinião do autor através dos argumentos e exemplos concretos.	• Fazer um discurso que transmite informações com base nos dados. • Explicar utilizando tabelas e ilustrações.
Itens de Compreensão	1．〜もせずに 2．〜といえども 3．よほど〜でも 4．いかに〜か	
Itens de Criação	5．…とか。 6．〜に言わせれば	7．〜に基づいて 8．〜と言える 9．一方（で） 10．〜に限_{かぎ}らず
Lição 22	私の死亡記事_{しぼうきじ} (Meu obituário)	賛成_{さんせい}！ (A favor!)
Objetivo	• Ler e entender o texto da carta (carta de solicitação). • Entender a forma de pensar do autor sobre a morte (ponto de vista sobre a vida e a morte).	• Aprender a técnica de trocar opiniões em discussões.
Itens de Compreensão	1．〜次第_{しだい}だ 2．〜をもって…とする	7．〜としても 8．〜（よ）うにも…ない 9．〜わりに
Itens de Criação	3．〜においては 4．〜うる 5．…のであろう 6．〜と思われる	10．〜べきだ 11．〜というより

Lição 23	コモンズの悲劇 (A tragédia dos comuns)	スピーチ：一人の地球市民として (Discurso: Como um cidadão do mundo)
Objetivo	• Ler a tese. • Entender a opinião do autor.	• Fazer um discurso para um grande número de pessoas. • Transmitir a sua opinião de forma compreensível para as pessoas que ouvem.
Itens de Compreensão	1．〜に及ぶ 2．…可能性がある	6．〜ことに 7．〜恐れのある／がある 8．〜までもない
Itens de Criação	3．この〜 4．〜上で 5．〜につれて	9．〜がきっかけで・〜をきっかけに 10．〜をはじめ
Lição 24	型にはまる (Conformar-se em uma tradição)	好奇心と忍耐力は誰にも負けないつもりです (Em termos de curiosidade e paciência, penso que não perco de ninguém.)
Objetivo	• Ler o ensaio. • Ler e compreender a opinião do autor. • Ler fazendo comparações.	• Submeter-se a uma entrevista de admissão a um emprego. • Fazer apelo de si mesmo. • Falar sobre a sua especialidade em detalhes.
Itens de Compreensão	1．〜ざる〜 2．〜から〜に至るまで 3．〜きる 4．〜ならぬ〜	
Itens de Criação	5．〜さえ〜ば 6．〜として〜ない 7．〜以上（は） 8．〜ないかぎり 9．〜わけにはいかない／ゆかない 10．〜あまり（に）	

Parte 3
Um Pouco Mais de Gramática

(Nota: Aqui, considera-se 「～」 como substantivos e frases e 「……」 como uma oração.)

1. Expressões que utilizam uma partícula composta (ou "termo equivalente a partícula", composto por dois ou mais vocábulos)

1-1 Citando exemplos similares

1） ～にしても　Expressa que existem exemplos similares além de 「～」.
　① 奥様にしてもご主人がノーベル賞を受賞するとは当日まで知らなかったということです。
　　 O fato é que, mesmo a esposa, até o dia, não sabia que seu marido iria receber o prêmio Nobel.
　② オーストラリアでは水不足が続いているので、風呂の水ひとつにしても使う量が制限されているらしい。
　　 Na Austrália, como a falta de água continua, parece que até mesmo a quantidade de água usada no banho está sendo restringida.

2） ～でも～でも……　Expressa que todos os itens que pertencem a essa mesma classe, tais como os exemplos 「～」, são 「……」.
　① ワイン買ってきて。赤でも白でもいいけどイタリアのワインね。
　　 Compre-me um vinho. Pode ser tanto tinto como branco, mas, da Itália, sim?
　② 彼は中国語でも韓国語でも理解できる。
　　 Ele entende tanto o chinês como o coreano.

3） ～といい～といい、……　Expressa que 「……」 corresponde a qualquer um, ou seja, "tanto a 「～」 como a 「～」".
　① 姉といい兄といい、みんな会社員になってしまった。父の店を守るのは私以外にいない。
　　 Tanto a minha irmã mais velha como o meu irmão mais velho, todos se empregaram em companhias. Além de mim, não há ninguém para seguir com a loja do meu pai.
　② ここは、味といいサービスといい、最高のレストランだ。
　　 Este é um excelente restaurante, tanto em termos de sabor como de serviço.

4） ～というような／といったような／といった……　Cita 「～」 como exemplo de 「……」.
　① 私は金閣寺というような派手なお寺より、三千院といったような地味なお寺のほうが好きだ。
　　 Do que um templo vistoso como, por exemplo, o Kinkakuji, prefiro templos simples como o Sanzen-in.
　② 医師からの説明は、入院前、手術前、手術後といった段階で丁寧にいたします。
　　 A explicação do médico é atenciosa, feita por fases tais como antes da internação, antes da cirurgia e após a cirurgia.
　③ 移民を受け入れるには、彼らの人権をどのように守るのかといったような問題を解決しなければならない。
　　 Para receber imigrantes, é necessário resolver problemas como, por exemplo, de que forma proteger os seus direitos humanos.

5) 〜にしても〜にしても／〜にしろ〜にしろ／〜にせよ……

Expressam que「〜」é exemplo de「……」e que todos os exemplos são「……」.

Quando utilizados com termos interrogativos, expressam「〜するときはいつも」.

Em caso de uso repetido, significam「〜の場合でも、〜の場合でも」.

① ローマにしてもアテネにしても、古代遺跡が多く残る都市では地下鉄をつくるのに時間がかかる。

Seja em Roma ou seja em Atenas, em cidades onde ainda existem muitos restos arqueológicos, leva-se tempo para construir linhas de metrô.

② この先生のゼミに入るためには、中国語にしろ、韓国語にしろ、アジアの言葉を最低1つ勉強しなければならない。

Seja chinês, seja coreano, é preciso estudar, no mínimo, um idioma asiático para participar do seminário deste professor.

③ 何を食べるにせよ、栄養のバランスを考えることが必要だ。

Para comer qualquer coisa que seja, é necessário se pensar no equilíbrio nutricional.

④ 出席するにせよ、欠席するにせよ、返事をメールで知らせてください。

Seja para participar, seja para se ausentar, por favor, envie uma resposta por e-mail.

1-2　Citando um caso extremo

1) 〜さえ……　Expressa que「〜」é um caso extremo e, além de「〜」, naturalmente「……」.

① この病気のことは家族にさえ相談できない。

Quanto a esta enfermidade, não posso conversar nem mesmo com a minha família.

② あの当時はお金がなくて、インスタントラーメンさえ買えなかった。

Naquela época, eu não tinha dinheiro e não podia comprar nem mesmo um lámen instantâneo.

1-3　Restringindo a uma só coisa

1) 〜は〜にかぎる　＝　〜は〜が一番だ (Em caso de「〜」,「〜」é o melhor/a melhor coisa.)

① 疲れたときは寝るにかぎる。

Quando se está cansado, dormir é a melhor coisa.

② 和菓子は京都にかぎる。

Tratando-se de doces japoneses, os de Kyoto são os melhores.

1-4 Citando causas/motivos

1）**〜とあって……** ＝ 〜ということを考えると、「……」のは当然だ　(Considerando-se que é/por ser「〜」, é natural que「……」.)

　① さすがに大学院生とあって、どの論文を読めばいいか、よく知っている。
　　Com razão, por ser estudante de pós-graduação, ela sabe bem que tese deve ler.
　② 水曜日は女性が割引料金で見られるとあって、映画館は仕事帰りの女性ばかりだ。
　　Às quarta-feiras, considerando-se que as mulheres podem assistir a filmes com desconto nos preços, os cinemas estão lotados com mulheres que vêm depois do trabalho.

2）**〜につき** ＝ 〜という事情があるので　(Por motivo tal como/devido a「〜」.)

　① 工事中につきバス停の場所を移動しました。
　　Mudamos o local da parada de ônibus devido a obras.
　② 来週の月曜日は祝日につき図書館は休館といたします。
　　Por motivo de a segunda-feira da próxima semana ser um feriado, a biblioteca estará fechada.

3）**〜ばかりに**　Expressa o sentimento de que um mau resultado ocorre somente/unicamente por causa de「〜」.

　① 携帯電話を家に忘れてきてしまったばかりに、待ち合わせをした友達に会えなかった。
　　Não pude me encontrar com os amigos com quem tinha marcado um encontro somente porque esqueci o telefone celular em casa.
　② 英語ができないばかりに、なかなか就職が決まらない。
　　Está difícil conseguir um emprego somente porque não falo inglês.
　③ 子どもの病気を治したいばかりに、父親は無理をして働き、とうとう病気になってしまった。
　　O pai trabalhou sem pensar unicamente pelo fato de querer curar a doença do filho, que ele mesmo acabou se adoentando.

1-5 Indicando exemplos

1）**〜やら〜やら** ＝ 〜や〜など

　① 急な入院だったので、パジャマやらタオルやらを家に取りに帰る時間もなかった。
　　Foi uma internação tão repentina que não tive tempo para ir buscar pijama, toalhas e outras coisas em casa.
　② 押すやら引くやらいろいろやってみたが、このドアはいっこうに開かない。
　　Experimentei várias coisas, tais como empurrar, puxar, etc., mas esta porta não abre de jeito nenhum.

2）**〜も……なら、〜も……**　Expressa que em relação a「〜」, existe um lado em que ambos são「……」.

　① 研究者にとって「しつこさ」も長所なら、「あきらめの早さ」も長所だ。場合によって、この２つを使い分ける必要がある。

Para um pesquisador, se a "perseverança" é um dom, "a rapidez em desistir" também é um dom. Em alguns casos, é necessário saber usar essas duas qualidades.

② 医者が１人しかいないクリニックも病院なら、何十もの診療科がある総合病院も病院である。自分の病状に合わせて病院を選ぶことが必要だ。

Se uma clínica com um só médico é um hospital, uma instituição médica geral com dezenas de departamentos de tratamentos especializados também é um hospital. É necessário escolher o hospital de acordo com as condições da sua doença.

1-6 Fazendo comparações

1) 〜と違って……　Expressa que「……」difere de「〜」.
   ① 彼女はおしゃべりな姉と違って、無口な女性だ。
   Diferente da irmã mais velha que é faladeira, ela é uma mulher calada.
   ② 最後の問題はそれまでの問題と違ってかなり難しい。
   Distintamente das questões anteriores, a última questão é bastante difícil.

2) 〜のに対して、……　Expressa que「〜」é o oposto de「……」.
   ① 東日本で濃い味が好まれるのに対して、西日本では薄味が好まれる。
   Ao contrário da parte leste do Japão, em que se aprecia um sabor forte, na parte oeste, aprecia-se um sabor mais suave.
   ② 女性が楽観的なのに対して、男性は悲観的だという調査がある。
   Existe uma pesquisa que diz que, ao contrário das mulheres que são otimistas, os homens são pessimistas.
   ③ 都市の人口は増えているのに対して、農村の人口は減ってきている。
   Ao contrário da população urbana que está aumentando, a população rural está diminuindo.

3) 〜反面　Expressa o lado contrário ou o lado distinto de「〜」de um determinado fato.
   ① 工業の発展は人類の生活を豊かにした反面、美しい自然を破壊することにつながった。
   O progresso industrial tornou a vida dos homens mais rica, mas, por outro lado, provocou a destruição da bela natureza.
   ② 就職して経済的には落ち着いた反面、自由な時間が少なくなり、読みたい本を読む暇もない。
   Com o emprego, a minha vida se tornou mais estável economicamente, mas, por outro lado, meu tempo livre diminuiu e não tenho folga nem para ler os livros.
   ③ 彼女は自信家でプライドが高い反面、傷つきやすく、他人の評価を気にする性格だった。
   Ela era autoconfiante e muito orgulhosa, mas, por outro lado, tinha um caráter delicado e se preocupava com a avaliação de outras pessoas.

1-7 Incluindo um sentimento de que, a partir de um fato/circunstância, é algo que certamente deve ser feito ou é uma situação que pode ser imaginada

1）**〜のだから**　Cita algo que certamente deve se fazer ou uma condição que deve existir, a partir de um fato/circunstância.

① 自分で決めたのだから、最後まであきらめずに頑張りなさい。
Uma vez que foi você quem decidiu, siga firme até o fim, sem desistir.

② まだ小学1年生なんだから、漢字で書けなくても仕方がない。
Uma vez que ele ainda é aluno do 1º ano da escola primária, é natural que não saiba escrever em "kanji".

③ 急いでください。時間がないんですから。
Apresse-se, pois não há tempo.

2）**〜だけあって**　Indica que é uma avaliação (boa) exatamente como se prevê a partir de um fato/circunstância.

① 建築家の自宅だけあって、おしゃれで機能的につくられている。
Por ser casa de um arquiteto, é construída de forma elegante e funcional.

② ブランドもののハンドバッグは高いだけあって、品質がいい。
Por serem bolsas de grife caras, são de boa qualidade.

③ スミスさんは20年以上日本に住んでいるだけあって、日本語はぺらぺらだ。
Por morar no Japão há mais de 20 anos, o Sr. Smith fala fluentemente o japonês.

3）**〜だけに**　Indica que é uma avaliação (boa ou ruim) exatamente como se prevê a partir de um fato/circunstância.

① 若いだけに、なんでもすぐに覚えられる。
Por ser jovem, ele aprende rapidamente qualquer coisa.

② きっと合格すると期待していただけに、不合格の知らせにがっかりした。
Por estar esperando que seria aprovado com certeza, fiquei desolado com o aviso de desaprovação.

1-8 Incluindo sentido de que a causa/motivo é incerto

1）**〜からか**　Expressa causa/motivo incerto.

① 日曜日の午後だからか、デパートはいつもより込んでいた。
Não sei se é por ser tarde de domingo, mas a loja de departamentos estava mais cheia do que o normal.

② 忙しいからか、お金がないからか、最近田中さんがゴルフに来なくなった。
Não sei se é por estar ocupado ou por não ter dinheiro, mas, recentemente, o Sr. Tanaka não tem vindo jogar golfe.

③ 昨晩、遅く寝たからか、職場に来てもまだ眠い。

Não sei se é porque dormi tarde ontem à noite, mas, mesmo vindo ao trabalho, ainda sinto sono.

④ 寝不足からか、一日中、頭が痛かった。

Não sei se é por falta de sono, mas estive com dor de cabeça o dia todo.

2) **〜ためか** Expressa causa/motivo incerto.

① 大雨のためか、電車のダイヤが大幅に乱れている。

Não sei se é devido às fortes chuvas, mas, o horário dos trens está bastante irregular.

② インフルエンザがはやっているためか、病院の待合室は混雑していた。

Não sei se é por causa da propagação da gripe, mas, a sala de espera do hospital estava cheia de pessoas.

* Há casos em que 「ため」 expressa objetivo.

・李さんは、留学資金を貯めるためか、毎日3時間以上もアルバイトしている。

Não sei se é para juntar dinheiro para os estudos, mas a Sra. Lee faz bicos por mais de 3 horas todos os dias.

3) **〜のか** Expressa que não sabe se é realidade ou não, mas que é provável que esse fato seja a causa.

① 忙しいのか、最近、田中君から連絡が来ない。

Não sei se está ocupado, mas, recentemente, o Tanaka não entra em contato.

② どこか具合でも悪いのか、朝から渡辺さんは元気がない。

Não sei se está com algum problema de saúde, mas a Sra. Watanabe está sem ânimo desde de manhã.

③ 誰かとけんかでもしたのか、娘が学校へ行きたくないと言った。

Não sei se brigou com alguém, mas minha filha disse que não quer ir à escola.

1-9 Expressando uma relação com conjunção adversativa

1) **〜ものの** Indica uma situação que vai contra uma previsão, esperança ou uma situação contrária em termos de significado.

① 一生懸命頼んでみたものの、結局引き受けてはもらえなかった。

Apesar de ter pedido com grande afinco, no final, não consegui fazer com que ela me atendesse.

② たまには家族で旅行したいものの、忙しくて計画も立てられない。

Apesar de querer fazer uma viagem em família, estou tão ocupado que não consigo sequer fazer planos.

③ 市内から空港までは、数は少ないものの、バスの直行便がある。

Apesar de o número ser pequeno, há linhas diretas de ônibus da cidade até o aeroporto.

2）〜とはいうものの　Expressa que, embora as palavras indiquem um fato, a realidade é diferente.
①　株式会社とはいうものの、社員は5人しかいない。

Embora seja uma sociedade anônima, conta com somente 5 funcionários.
②　「酒は百薬の長」とはいうものの、飲み過ぎは健康に悪い。

Embora se diga que "o licor funciona melhor do que quaisquer remédios", beber demais faz mal à saúde.
③　退院したとはいうものの、まだときどき痛みがある。

Embora tenha recebido alta, ainda sinto dores de vez em quando.

3）〜どころか　Expressa que uma realidade difere completamente, contrariando uma previsão ou opinião.
①　夕方になっても雨は止むどころか、ますます激しくなった。

A chuva, longe de parar ao entardecer, tornou-se ainda mais forte.
②　コンサートには観客が100人くらいは来るだろうと思っていたが、100人どころか20人しか来なかった。

Pensávamos que viriam cerca de 100 pessoas ao concerto, mas longe dos esperados 100, vieram somente 20 pessoas.
③　コンサートには観客が100人くらいは来るだろうと思っていたが、100人どころか200人も来た。

Pensávamos que viriam cerca de 100 pessoas ao concerto, mas longe dos esperados 100, chegaram a vir até 200 pessoas.

4）〜くせに　Expressa que um fato é contrário ao que se prevê considerando-se a capacidade ou a personalidade, etc. de uma determinada pessoa, indicando crítica ou insatisfação em relação a essa pessoa.
①　兄は自分では料理が作れないくせに、いつも他の人が作った料理に文句を言う。

Meu irmão mais velho, apesar de não saber cozinhar, reclama sempre das comidas preparadas por outras pessoas.
②　田中さんは、明日試験があることを知っていたくせに、教えてくれなかった。

Apesar de saber que haveria exame amanhã, o Sr. Tanaka não me avisou.
③　弟は、まだ未成年のくせに、お酒を飲もうとして叱られた。

Apesar de ser menor de idade, meu irmão mais novo quis beber e foi repreendido.

5）〜といっても　Expressa que o nível não é tão alto assim em relação ao que foi falado antes.
①　英語が話せるといっても、日常会話に困らない程度です。

Falar inglês, eu falo, mas a nível de não ter problemas em uma conversação cotidiana.
②　東京でも毎年、雪が降る。降るといっても数センチ積もる程度だが。

Em Tóquio também neva todos os anos. Nevar, neva, mas a nível de acumular alguns centímetros.

③ 社長といっても、社員10人ほどの小さな会社の社長なんです。

Ser presidente de companhia, sou, mas de uma pequena firma com uns 10 empregados.

6) **〜にしろ／にせよ**　Expressa o fato de que "mesmo que uma determinada situação seja realidade".

① 病院へ行くほどではないにしろ、風邪をひいて体がだるい。

Embora não seja a nível de ir a um hospital, estou com o corpo cansado devido ao resfriado.

② ほんの短い期間であったにせよ、海外で一人暮らしを経験できたことはよかった。

Embora tenha sido por um período bem curto, foi bom ter experimentado viver sozinho no exterior.

1-10　Expressando condições

1) **〜ては**　Indica o fato de que se uma determinada circunstância se torna realidade, ocorrerá um resultado negativo (por isso, é melhor não fazer isso).

① 全員が参加しては、会場に入りきれなくなる。

Se todos participarem, não será possível que entrem no salão.

② 全員が協力しなくては、パーティーは成功しません。

Se todos não cooperarem, a festa não terá êxito.

③ あわてては、普段できることも失敗しますよ。落ち着いてください。

Caso se apressem, vocês falharão mesmo em coisas que conseguem fazer normalmente. Tenham calma.

＊Tem o sentido de que se repetirá uma ação.

・手紙を何度も書いては直した。

Escrevi e corrigi a carta por várias vezes.

・書いては直し、書いては直し、やっとレポートを完成させた。

Escrevi e corrigi, escrevi e corrigi e, enfim, terminei o relatório.

2) **〜てみろ**　Expressa uma situação que, caso se torne realidade, ocorrerá um resultado negativo (por isso, desista de fazer isso).

① 約束を破ってみろ、絶対に許さないからな。

Tente não cumprir a promessa. Eu não o perdoarei jamais.

② 全員が参加してみろ、会場があふれてしまうよ。

Imagine se todos participarem. O salão vai ficar superlotado.

3) **〜てからでないと**　Expressa o fato de que uma coisa que o falante desejava que acontecesse mais cedo se realiza somente após a ocorrência de uma determinada situação.

① 病気になってからでないと、健康のありがたみは分からない。

Somente depois de ficar doente é que se sente o quão grato é ter saúde.

② 高校を卒業してからでないと、アルバイトをやらせてもらえなかった。

Somente depois de me formar no colégio é que me deixaram fazer trabalhos de bico.

4）**～次第**　Expressa uma ação efetuada logo após「～」se tornar realidade.
　① パソコンは修理が終わり次第、お送りします。
　　Enviaremos o computador pessoal logo que terminar o conserto.
　② 落とし物が見つかり次第、こちらからお電話します。
　　Telefonaremos logo que encontrarmos o objeto perdido.

5）**～次第で**　Expressa a relação "de acordo com「～」, eleva-se a porcentagem de ocorrência dos seus resultados".
　① 努力次第で、夢は実現する。
　　Os sonhos se realizam de acordo com os seus esforços.
　② 教師のアイディア次第で、生徒の学力は伸びる。
　　A capacidade de aprendizado dos alunos aumenta de acordo com as ideias do professor.

6）**～としたら／とすれば／とすると**　Expressa o caso em que se supõe「～」, que não se sabe se vai acontecer ou não.
　① クラス全員が来るとしたら、いすが３つ足りない。隣の教室から持ってこよう。
　　Se acontecer de todos os alunos da classe virem, vão faltar 3 cadeiras. Vamos trazer algumas da classe vizinha.
　② 天気予報のとおりに明日大雨だとすると、花見の予定は変更しなければならない。
　　Se chover forte amanhã conforme a previsão do tempo, teremos que mudar o plano do "hanami (apreciação das flores de cerejeiras)".

7）**～ものなら**　Expressa para dar ideia de fazer algo quase impossível. Indica, também, que "se isso acontecer realmente, depois vai ocorrer um grande problema" no caso de「forma volitiva ＋ ものなら」.
　① 国の母が入院した。できるものなら今すぐにも帰りたい。
　　Minha mãe que está na minha terra natal foi internada. Se fosse possível, gostaria de voltar agora mesmo.
　② プライドの高い佐藤さんを少しでも批判しようものなら、彼は怒るだろう。
　　Caso critique, por pouco que seja, o Sr. Sato, que é muito orgulhoso, deverá ficar irado.

1-11 Expressando o tempo (período relativamente longo, momento, circunstância, caso, etc.)

1）**～てからというもの**　Expressa que uma circunstância bastante diferente da anterior segue ocorrendo após a ocorrência de um acontecimento「～」.
　① 大地震が起こってからというもの、いつも地面が揺れているような気がする。
　　Depois da ocorrência do grande terremoto, sempre tenho a sensação de que o solo está tremendo.
　② 退職してからというもの、暇で仕方がない。
　　Depois que me aposentei, estou com tanto tempo livre que não sei o que fazer.

2）**～（か）と思ったら／と思うと**　Cita a ocorrência de um evento não previsto imediatamente após um determinado acontecimento「～」, ou então, que se deu conta dessa ocorrência.

① 息子は「ただいま」と言ったと思ったら、もうベッドで横になっていた。
Mal percebi meu filho dizer "estou de volta", ele já estava deitado na cama.
② 母はテレビを見ながら泣いていると思ったら、突然笑い始めた。
Mal pensei que minha mãe estava chorando assistindo à TV, de repente, começou a rir.
③ この地方の秋は短い。紅葉が始まったと思うとすぐ雪が降り始める。
Nesta região, a estação do outono é curta. Quando nos damos conta de que as folhas das árvores estão ficando vermelhas, logo começa a nevar.

3) ～か～ないかのうちに　Expressa fatos que ocorrem um pouco antes de「～」ter acontecido.
① 彼は宝石を手に取って見るか見ないかのうちにその価値を言い当ててしまう。
Mal ele pega uma pedra preciosa nas mãos, consegue adivinhar o seu valor.
② 私が意見を言い終わるか言い終わらないかのうちに、他の人も次々に意見を言い始めた。
Mal terminei de dizer a minha opinião, as outras pessoas começaram a falar os seus pontos de vista.

4) ～に際して　Utiliza-se como uma expressão mais formal de「～のときに」.
① この試験を受けるに際して、以下の書類を提出してください。
Na ocasião em que for se inscrever para prestar este exame, apresente os seguintes documentos.
② 政府の能力は、非常事態に際してどのように素早く行動できるかで判断できる。
A capacidade do governo pode ser julgada pela sua forma rápida de agir em caso de ocorrência de uma situação de emergência.

5) ～にあたって／にあたり　Significa "ao fazer「～」" e utiliza-se quando vai se fazer algo especial, diferente dos atos comuns.
① 留学するにあたって、パスポートとビザを申請した。
Eu requeri passaporte e visto levando em conta que vou estudar no exterior.
② 物事の決定にあたり、日本ではボトム・アップ方式を取ることが多い。
No Japão, levando em conta decidir uma questão na companhia, é comum se adotar o sistema de decisão "de baixo para cima".

1-12 Expressa uma circunstância que ocorre junto (ou em continuação) a um ato/fenômeno ou uma ação efetuada ao mesmo tempo que esse ato/fenômeno

1) ～ついでに　Indica que uma outra ação distinta será efetuada aproveitando-se o objetivo original.
① 買い物のついでに銀行でお金をおろしてきた。
Fui fazer compras e, aproveitando, retirei dinheiro no banco.
② 友達の結婚式で大阪へ行くついでに、京都に寄ってお寺を見てきたい。
Aproveitando a minha ida a Osaka para o casamento de um amigo, pretendo passar em Kyoto e ver templos.

2) ～なしで　＝　～が存在しない状態で (Em uma situação sem a existência de「～」.)
① コンピューターなしで仕事をするのは難しい。
É difícil trabalhar sem computador.

② 許可なしでこの部屋を使わないでください。
Não use esta sala sem autorização.

3）**〜ことなく**　Expressa o sentido de「〜しないで」(sem fazer「〜」).
① 日本に来てから大学に入るまで、一日も休むことなく日本語の勉強を続けた。
Desde que vim ao Japão até ingressar na universidade, estudei japonês sem descansar um dia sequer.
② 自分が正しいと思うことは、迷うことなくやるべきだ。
O que você acredita que seja correto, deve fazê-lo sem sequer hesitar.

4）**〜つつ／つつも**　Indica a situação em que um mesmo sujeito efetua algo ao mesmo tempo fazendo「〜」.「〜つつも」equivale a uma conjunção adversativa de ação「〜」.
① 高い品質を保ちつつ、価格の安い商品を作ることは簡単なことではない。
Não é fácil fazer produtos de preços baratos mantendo a alta qualidade.
② 会社の先輩は、文句を言いつつも、いつも私の仕事を手伝ってくれた。
Meu colega de trabalho veterano reclamava, mas sempre me ajudava no trabalho.

5）**〜もかまわず**　＝　〜を気にしないで　(não se importar que/com「〜」).
① 彼女は化粧が落ちるのもかまわず、泣き続けた。
Ela continuou chorando sem sequer se importar que sua maquiagem estava borrando.
② 彼は周囲の視線もかまわず、彼女を抱きしめた。
Ele a abraçou sem se importar com os olhares das pessoas em volta.

1-13　Expressando convite, instrução, julgamento, tendo como argumentos os conhecimentos que possui

1）**〜ことだから**　É uma expressão usada em caso de convidar, instruir, julgar tendo como argumentos um determinado acontecimento ou conhecimento que possui.
① 試験も終わったことだから、みんなで食事に行こう。
Visto que o exame terminou, vamos todos fazer uma refeição.
② いつも遅刻する山本さんのことだから、今日もきっと遅れてくるだろう。
Visto que a Sra. Yamamoto sempre se atrasa, hoje, também, deverá chegar atrasada.

1-14　Outras

1）**〜に代わって**　Expressa que o sujeito/objeto troca de posição.
① 社長に代わって、部長が来年度の計画をご説明します。
No lugar do presidente, o diretor do departamento vai explicar sobre o plano do próximo ano fiscal.
② ここでは石油に代わる新しい燃料を使っている。
Aqui se usa um novo combustível no lugar do petróleo.

2) **〜にこたえて**　Expressa que vai fazer algo em reação a 「〜」.
　① 大統領は支援者の声援にこたえて手を振った。

　　O presidente abanou a mão respondendo à aclamação dos seus simpatizantes.
　② 多くのご要望におこたえして、新製品を開発することになりました。

　　Decidimos desenvolver um novo produto atendendo ao grande número de pedidos.

3) **〜に先立って／先立ち／に先立つ**　Expressa que vai fazer algo antes de 「〜」.
　① 結婚に先立って両家の親族が食事会を開くことになった。

　　Em antecipação ao casamento, os parentes de ambas as famílias resolveram organizar uma refeição.
　② 起業に先立つ資金は親から援助してもらった。

　　Tendo em vista a abertura de negócios, recebi ajuda financeira dos meus pais.

4) **〜にしたがって／にしたがい……**　Expressa que ocorre a mudança em 「……」 com a influência na mudança 「〜」.
　① 日本での生活が長くなるにしたがって日本の文化にも詳しくなった。

　　À medida que a vida no Japão se tornou longa, o meu conhecimento sobre a cultura japonesa se tornou mais aprofundado.
　② 食生活の多様化にしたがい、成人病の治療も複雑になってきた。

　　Com a diversificação da vida alimentar, o tratamento de doenças relacionadas com o estilo de vida tem se tornado complexo.

5) **〜にともなって／にともない／にともなう**　Expressa que a mudança 「〜」 se conecta a outras mudanças.
　① 少子化にともなって小学校の統廃合が進んでいる。

　　Juntamente com o declínio no nascimento de crianças, desenvolve-se a modernização através da consolidação e eliminação das escolas primárias.
　② この国では医学の進歩にともなう高齢化が進んでいる。

　　Neste país, o envelhecimento das pessoas avança juntamente com o progresso da medicina.

6) **〜に対して（は、も）／に対し**　Expressa claramente a meta para a qual se dirige o movimento, interesse, etc.
　① 社員たちは社長に対して給料を上げてほしいと訴えた。

　　Os empregados demandaram o aumento de salário ao presidente.
　② 田中さんに対する部長のものの言い方は厳しすぎる。

　　O modo com que o diretor do departamento fala ao Sr. Tanaka é rigoroso demais.

7) **〜を契機に（して）／を契機として……**　Expressa que 「……」 ocorreu graças a 「〜」/impulsionado por 「〜」.
　① オリンピックの開催を契機として都市整備が急ピッチで進められた。

　　Impulsionada pela realização dos Jogos Olímpicos, a implementação urbana avança a passos rápidos.

② 県大会での優勝を契機に今度は全国大会での優勝を目指す。

Impulsionados pela vitória conquistada no torneio provincial, agora, visamos vencer o torneio nacional.

8) **〜をもとに（して）** …… Expressa que a base/materiais/argumentos de「……」são「〜」. Para「……」, usam-se verbos que indicam produção, decisão, execução, etc.

① 実話をもとにして映画を作った。

Fiz o filme com base em história verídica.

② 社員の営業成績をもとに翌年の売上げ目標を決める。

A meta das vendas do próximo ano é determinada com base nos resultados operacionais dos funcionários.

9) **〜たあげく** …… Expressa que, após duras experiências e vários sofrimentos passados por longo tempo, finalmente ocorreu「……」.

① 妹の結婚祝いは、あれにしようかこれにしようかとさんざん迷ったあげく、現金を贈ることにした。

Depois de pensar bastante, se dou isso ou aquilo como presente de casamento da minha irmã mais nova, decidi dar-lhe dinheiro.

② 兄は何度も入学試験に失敗したあげく、とうとう大学への進学をあきらめてしまった。

Após fracassar várias vezes nos exames vestibulares, meu irmão mais velho acabou desistindo de seguir os estudos universitários.

10) **〜うえ／うえに** Expressa que ocorre uma situação/acontecimento similar, além de uma determinada situação/acontecimento「〜」.

① 東京の賃貸マンションは狭いうえ値段も高い。

Os apartamentos de aluguel em Tóquio são, além de pequenos, muito caros.

② 子どもが急に熱を出したうえに、自分も風邪気味で、仕事を休まなければならなくなった。

Além de meu filho ficar repentinamente com febre, eu também estava meio resfriada, assim, tive que faltar ao trabalho.

11) **〜かわりに** Expressa que se faz uma coisa distinta ou ocorre uma situação distinta de「〜」.

① 授業料を免除されるかわりに、学校の事務の仕事を手伝うことになった。

Em troca da isenção das mensalidades do curso, fiquei de ajudar nos trabalhos do escritório da escola.

② 私のマンションの1階にはコンビニがあって、便利なかわりに、人がいつも通って、少しうるさい。

No andar térreo do edifício onde moro, há uma loja de conveniência. É prático, mas, em compensação, é um pouco incômodo, pois sempre há movimento de pessoas.

12) **〜にかけては** …… Expressa que, no que diz respeito/restringindo-se a「〜」, a avaliação de「……」se destaca.

① この子は暗算が得意で、そのスピードにかけてはコンピューターにも負けないくらいだ。

Esse menino é forte em fazer contas de cabeça e, no que diz respeito à velocidade, não chega a perder nem de computadores.

② 福井県はメガネの生産にかけては全国一を誇っている。

Restringindo-se à produção de óculos, a província de Fukui se orgulha de ser a Nº 1 do país.

13) ～にしたら／にすれば　Expressa a opinião do ponto de vista/na posição de「～」.

① 子どもにしたらビールは単なる苦い飲み物でしかない。

Do ponto de vista das crianças, a cerveja é meramente uma bebida amarga.

② このカレーの辛さは大人にすれば何でもないが、子どもにはとても食べられない。

O sabor picante deste caril não é nada para os adultos, mas para as crianças, é impossível de se comer.

14) ～に反して／に反し　Expressa que uma situação difere da vontade de「～」.

① 周囲の期待に反して、結局彼らは結婚しなかった。

Ao contrário das esperanças das pessoas em volta, eles acabaram não se casando.

② あの政党は市民の意思に反するマニフェストを掲げている。

Aquele partido anuncia manifestos que vão contra a vontade do povo.

15) ～ぬきで／ぬきに／ぬきの、～をぬきにして（は）　Expressa uma situação em que「～」, que deveria estar incluído(a), não se encontra incluído(a).

① 堅苦しいことはぬきにして、ざっくばらんに話しましょう。

Vamos conversar abertamente, sem formalidades.

② ワサビぬきのお寿司なんて食べたくない。

É impensável comer "sushis" sem "wasabi".

16) ～を問わず……　Expressa que「……」não tem relação/é independente com a diferença de「～」.

① この店ではメーカー・車種を問わず高額でバイクの買い取りを行っている。

Este estabelecimento compra motocicletas a preços altos independentemente da marca e do modelo.

② この試験は国籍を問わず誰でも受けられます。

Qualquer pessoa, independentemente da nacionalidade, pode prestar este exame.

17) ～を中心に（して）／を中心として……　Expressa o fato de que「……」é principalmente/centradamente em/de「～」.

① 今回、日本経済の停滞の原因を中心に調査が行われた。

Desta vez, foi realizada uma investigação centrada nas causas da estagnação da economia do Japão.

② この大学は医学部を中心とした理系の学部が人気だ。

Nesta universidade, os departamentos de ciências, principalmente o de medicina, são populares.

18) ～はもちろん／はもとより～も　Trata de um assunto óbvio como「～」e expressa que um fato como「……」, normalmente não incluído, também se encontra incluído.

① ディズニーランドは、子どもはもちろん大人も楽しめる。

Na Disneylândia, as crianças naturalmente, mas os adultos também podem se divertir.

② 京都には和食はもとより洋食のおいしいレストランも多い。

Em Quioto, obviamente há muitas casas de comida japonesa gostosa, mas também existem muitos restaurantes de boa comida ocidental.

19) 〜をめぐって……　Expressa que「……」ocorre envolvendo/devido à questão de「〜」e aos fatos relacionados.

① 墓地の建設をめぐって周辺の住民が反対運動を起こしている。

No que envolve a questão da construção do cemitério, os moradores das redondezas estão fazendo movimentos de oposição.

② 父親の遺産をめぐって長男と次男が法廷で争っている。

O primeiro e o segundo filhos estão disputando seus direitos no tribunal no que se refere à questão da herança do pai.

20) 〜につけ／につけて／につけても……　Expressa que ao fazer「〜」, sempre se「……」.

① この写真を見るにつけ昔のことを思い出す。

Sempre que vejo esta fotografia lembro-me do passado.

② 何事につけ真心をこめて丁寧に対応していれば、客に文句を言われることはない。

Respondendo a tudo cuidadosamente e com sinceridade, os clientes não reclamarão.

2. Expressões que usam locuções conjuntivas (P: oração que vem antes da locução conjuntiva　Q: oração que vem depois da locução conjuntiva)

2-1　Usando-se para uma relação com conjunção consecutiva (causa/motivo - resultado/consequência)

1) したがって　Expressa a avaliação Q tendo P como argumento. É usada em textos formais como, por exemplo, editoriais, etc.

① この町は人口が減っているだけでなく高齢化も進んでいる。したがって、経済の発展を考えると、若い世代の住民を増やすことが重要だと思う。

Nesta cidade, não somente a população está diminuindo como também está aumentando o número de idosos. Por conseguinte, pensando no desenvolvimento econômico, creio que seja importante aumentar o número de moradores de geração jovem.

② 先月の売上げは約300万円、今月は合計およそ400万円であった。したがって、わずか1か月で30％以上伸びたことになる。

O valor de vendas do mês passado foi de cerca de 3 milhões de ienes, e o total deste mês, aproximadamente 4 milhões de ienes. Por conseguinte, isso significa que em somente um mês, houve um aumento superior a 30%.

2-2　Usado-se para expressar uma relação com conjunção consecutiva (condição - resultado/consequência)

1) だとすると／だとすれば／だとしたら　Cita o fato de que considerando-se P como uma suposição, tem-se o resultado Q.

① A：天気予報によると明日は大雨になりそうだって。
B：えっ、そう。だとすると、明日のお花見は無理かもしれないね。

A: De acordo com a previsão meteorológica, parece que cairá uma chuva forte amanhã.
B: É mesmo? Então, talvez seja difícil ir ver flores de cerejeiras amanhã.

2-3　Indicando o motivo

1) なぜなら／なぜかというと　Cita que Q é causa/motivo de P.

① 近年、大学生が専門的な勉強に時間をかけられなくなっている。なぜなら、就職が年ごとに厳しくなり、就職活動のため３年生ぐらいからあまり大学に来られなくなるからだ。

Recentemente, os estudantes universitários não tem tido tempo para fazer estudos especializados. Isto porque, a cada ano, está se tornando mais difícil encontrar empregos e, desde mais ou menos o 3º ano, eles não podem vir à escola por causa das atividades de procura de emprego.

② 仕事は９時からだが、私は８時までに会社に着くように出かける。なぜかというと、早い時間のほうが電車がすいていて快適だからだ。

Meu trabalho começa às 9 horas, mas saio de casa para poder chegar à companhia até as 8. Faço isso porque saindo mais cedo, os trens estão vazios e a viagem é mais confortável.

2-4　Usando-se em uma relação com conjunção adversativa

1) それなのに　Cita o fato de que se obteve o resultado Q, diferente da previsão a partir de P. Usa-se, na maior parte das vezes, para expressar surpresa ou insatisfação.

① 試験のためにアルバイトもやめて毎日遅くまで勉強した。それなのに、合格できなかった。

Deixei de fazer inclusive os trabalhos temporários e estudei todos os dias até tarde para os exames. Mesmo assim, não consegui ser aprovado.

② 田中さんと山本さんは誰からもうらやましがられるカップルだった。それなのに、結婚してからはうまくいかなくて、２年後に離婚してしまった。

O Sr. Tanaka e a Sra. Yamamoto formavam um casal que todos invejavam. Mesmo assim, depois que se casaram, as coisas não andaram bem e acabaram se divorciando dois anos depois.

2-5　Falando em outras palavras

1) 要するに　Indica que resumindo P de uma forma simples, tem-se Q.

① 渡辺さんは優秀な会社員で、英語と中国語がぺらぺらで、スポーツも料理もできる。要するに、万能の女性だ。

A Srta. Watanabe é uma excelente funcionária, fala fluentemente o inglês e o chinês, e é boa também em esportes e na culinária. Em suma, é uma mulher polivalente.

2) **すなわち**　Indica que, explicando P em outras palavras, tem-se Q. Usa-se não somente no caso de explicar as orações com outras expressões, e palavras.

① この学部では「スポーツ科学」は必修科目です。すなわち、この科目の単位を取らなければ卒業できないのです。

Neste departamento, "Ciências do Esporte" é uma matéria compulsória. Ou seja, se não obter créditos nesta matéria, não é possível se graduar.

② 息子は西暦2000年、すなわち20世紀最後の年に生まれた。

Meu filho nasceu no ano 2000, ou seja, no último ano do século 20.

3) **いわば**　Equivale a "dizer exemplificando".

① 韓国のチヂミという料理は、いわば日本のお好み焼きのようなものです。

O prato "chijimi", da comida coreana, é, por assim dizer, algo como o "okonomiyaki" do Japão.

② 昭和は大きく戦前と戦後に分けられる。いわば異なる2つの時代が1つの名前で呼ばれているようなものだ。

A era Showa pode ser dividida, grosso modo, em antes e depois da Segunda Grande Guerra. É, por assim dizer, duas eras distintas chamadas por um mesmo nome.

2-6 Acrescentando

1) **しかも**　Expressa que, além de ser P, é Q, que tem um nível superior a P.

① 山本先生のクラスでは毎回テストがある。しかも、毎回全員の点数が公表される。

Na classe da professora Yamamoto, há exame a cada aula. Além do mais, as notas de todos são anunciadas a cada vez.

② 卵は安くて調理が簡単な食材だ。しかも、栄養が豊富である。

Os ovos são ingredientes baratos e fáceis de preparar. Além do mais, são bastante nutritivos.

2) **そればかりでなく／そればかりか**　Expressa que, além de ser P, é Q, que é um fato mais imprevisto que P.

① この地域は夏の間に数回大雨にあった。そればかりでなく、9月には台風によって大きな被害を受けた。

Nesta região, choveu forte algumas vezes durante o verão. Como se isso não bastasse, em setembro houve grandes danos com o tufão.

② 太郎君は小学1年生なのに家で留守番ができる。そればかりか、掃除や夕食の買い物までするそうだ。

Apesar de Taro estar no 1º ano primário, consegue ficar em casa sozinho. Como se isso não bastasse, parece que ele faz até limpeza e compras para o jantar.

2-7 Complementando

1) **もっとも**　Indica Q como exceção ou limite de P.

① 次回は校外学習の予定です。もっとも、雨が降ったら中止ですが。

A próxima aula deverá ser externa. Se bem que se chover, será cancelada.

② 大学に新しい寮をつくることになり、工事が始まっている。もっとも、完成するのは、私が卒業したあとだそうだ。

Decidiram construir um novo dormitório na universidade e as obras já começaram. Se bem que parece que ele vai ficar pronto depois que eu me formar.

2) **ただし**　Indica Q como exceção ou limite de P. Expressões para dar ordens ou fazer solicitações também são usadas em Q.

① 定休日は月曜日です。ただし、月曜日が祝日の場合、火曜日になります。

O dia de folga é segunda-feira. Porém, se a segunda-feira coincidir com um feriado, a folga será na terça-feira.

② 夕食まで自由時間です。ただし、外に出るときは必ず連絡してください。

Vocês têm tempo livre até o jantar. Porém, se forem sair, avisem sem falta.

3) **なお**　Adiciona-se informação (Q) relacionada a P.

① パーティーは7時から食堂で行いますので、お集まりください。なお、参加費は無料です。

Como faremos uma festa a partir das 19 horas no refeitório, por favor, venham. A propósito, a taxa de participação é gratuita.

2-8 Selecionando

1) **それとも**　Usa-se para fazer a outra parte escolher uma opção entre P e Q.

① 地下鉄で帰りますか。それとも、タクシーに乗りますか。

Vai voltar de metrô? Ou, então, vai pegar um táxi?

② コーヒー、飲む？　それとも、お茶？

Toma café? Ou chá?

2-9 Convertendo

1) **さて**　Usa-se quando se passa de um assunto para um outro assunto Q, que tem relação com P.

① 時間になりましたので、「留学生の集い」を始めます。最後までごゆっくりお楽しみください。さて、ここで問題です。この大学に留学生は何人いるでしょうか。

Como chegou a hora, vamos começar a "reunião dos estudantes estrangeiros". Fiquem à vontade e divirtam-se até o fim. Bem, e aqui, uma pergunta. Quantos estudantes estrangeiros há nesta universidade?

② 今日予約している店は魚料理がおいしいんですよ。……さて、みなさん揃いましたね。そろそろ出かけましょうか。

O restaurante no qual fizemos reserva para hoje serve pratos de peixes gostosos. ... Bem, estão todos reunidos, não é? Então, vamos indo?

2）**それはそうと／それはさておき**　Usa-se quando se passa de um assunto para um outro assunto Q, que não tem relação direta com P (Q é mais importante que P).
　① 昨日はひどい天気だったね。せっかくの休みなのにどこへも行けなかったよ。それはそうと、今日、漢字のテストがあるんだっけ？

　　Que tempo horrível fez ontem, não? Era um feriado tão esperado, mas não deu para ir a nenhum lugar. Mas, mudando de assunto, hoje tem prova de "kanji"?

3）**それにしても**　Usa-se quando um assunto Q já falado uma vez é tratado novamente após um outro assunto P.
　① 今日は道が込んでるね。…そうそう、宿題やった？　難しかったよね。半分以上分からなかった。…それにしても、込んでるね。今日は何かあるのかなあ。

　　As ruas estão congestionadas hoje, não? ...Ahn, você fez a lição de casa? Estava difícil, não é? Não entendi mais da metade. ...Mas, voltando ao assunto, está congestionado, não? Será que há alguma coisa hoje?

3. Expressões diversas que utilizam sufixos

1）**〜がたい**　＝　**〜できない**　(Não é possível 「〜」.)
　① 社長の意見は理解しがたいものばかりだ。

　　As opiniões do presidente são quase todas impossíveis de se compreender.
　② 気の弱い田中さんが会長になるなんて信じがたいことだ。

　　É impossível se acreditar que o Sr. Tanaka, que é tão inseguro, torne-se presidente.
　　　*Outros exemplos frequentemente usados são 想像しがたい, 賛成しがたい, 言いがたい, etc.

2）**〜がちだ**　Expressa que há tendência de que uma situação indesejável 「〜」 ocorra.
　① この頃山本さんは授業を休みがちだ。それで、成績が下がってきているのだ。

　　Recentemente, Yamamoto tem faltado às aulas. Por isso, suas notas estão baixando.
　② 人のまねをして書いたレポートはおもしろくないものになりがちだ。

　　Relatórios escritos imitando os de outras pessoas têm tendência de se tornarem desinteressantes.
　　　*Outros exemplos frequentemente usados são ありがちだ, 忘れがちだ・病気がちだ, etc.

3）**〜気味だ**　＝　**〜する傾向が少しある**　(Ter um pouco de tendência de fazer 「〜」).
　① コーヒー豆の価格が上がり気味だ。

　　Os preços do café tendem a subir.
　② 最近ちょっと太り気味なの。ダイエットしなくちゃ。

　　Ultimamente, estou engordando um pouco. Preciso fazer uma dieta.
　　　*Outros exemplos frequentemente usados são 風邪気味だ, 下がり気味だ, etc.

4）**〜づらい**　Expressa que é difícil 「〜」 do ponto de vista mental ou de capacidade.

① 忙(いそが)しそうなので、手伝(てつだ)ってくださいとは言いづらかったんです。

Como parecia ocupado, foi difícil lhe pedir que me ajudasse.

② 大量(たいりょう)の数字(すうじ)は人間には扱(あつか)いづらいので、計算(けいさん)を任(まか)せるためにコンピューターが開発されたのである。

Como é difícil que o ser humano maneje com uma grande quantidade de números, o computador foi desenvolvido para deixar os cálculos por sua conta.

5) 〜だらけ　Expressa uma situação em que algo está cheio/dominado de algo indesejado「〜」.

① このカバンは傷(きず)だらけだ。

Esta bolsa está cheia de danos.

② この部屋(へや)は長い間人が住んでいなかったため、部屋の隅(すみ)がほこりだらけだ。

Como este apartamento ficou muito tempo sem morador, os cantos dos aposentos estão cheios de poeira.

③ 政府(せいふ)が出した改革案(かいかくあん)は問題だらけだ。

O plano de reforma apresentado pelo governo está cheio de problemas.

6) 〜っぽい　Usa-se para descrever algo dando o significado de que sente-se/parece ser「〜」.

① 今朝(けさ)から熱(ねつ)っぽい。

Parece que estou febril desde hoje cedo.

② もう大人なんだから、子どもっぽい話し方はやめなさい。

Você já é adulto, assim, pare com esse jeito de falar que parece ser infantil.

7) 〜向(む)きだ／向きに／向きの　Expressa que é adequado para uma determinada função「〜」.

① 彼(かれ)の性格(せいかく)は政治家(せいじか)向きだ。

O caráter dele é adequado para ser político.

② この家は高齢者(こうれいしゃ)向きに作られている。

Esta casa é construída de forma adequada para idosos.

8) 〜向けだ／向けに／向けの　Expressa que uma determinada coisa está voltada/destinada a um suposto usuário/objetivo de utilização.

① 吉田(よしだ)さんは放送局(ほうそうきょく)で子ども向けの番組(ばんぐみ)を制作(せいさく)している。

A Sra. Yoshida produz programas voltados para crianças em uma emissora.

② このパンフレットは外国人向けに、分かりやすい日本語で書かれています。

Este panfleto é escrito em um japonês de fácil compreensão por que é destinado aos estrangeiros.

4. Expressões de atitudes subjetivas, sentimentos na hora de indicar uma ideia

4-1 Convidando, sugerindo

1) 〜（よ）うではないか　Indica a atitude de convidar ou sugerir algo「〜」à outra parte.

① どの会社もやらないなら仕方がない。わが社が引き受けようではないか。

Se nenhuma companhia vai aceitar, não tem jeito. Então, por que nossa companhia não aceita a proposta?

② まず、彼の言うことを聞こうではないか。

Em primeiro lugar, vamos ouvir o que ele tem para falar?

4-2 Evitando uma afirmação definitiva e negando em parte

1）**～とは限らない** ＝ いつも～であるとは言えない、～ではない可能性もある　Não se pode dizer que「～」seja sempre verdade, ou seja, há possibilidade de que「～」não seja verdade.

① お金持ちが幸せだとは限らない。

Não se pode dizer que os ricos sempre sejam felizes.

② どの学習者にも日本語の発音がやさしいとは限らない。

Não se pode dizer que a pronúncia do japonês sempre seja fácil para qualquer estudante.

2）**～ないとも限らない** ＝ ～である可能性もある　(Também há possibilidade de que seja「～」).

① 世界的な食糧危機が起こらないとも限らない。

É possível que ocorra uma crise de alimentos a nível mundial.

② いい就職先が見つからないとも限らないから、まじめに努力を続けるべきだ。

É possível que você encontre um bom emprego, então, deve continuar a se esforçar seriamente.

3）**～なくはない／～ないことはない** ＝ ～ではないとは言い切れない　Não pode se afirmar que não seja「～」/ que não「～」.

① この計画に問題があると考えられなくはない。

Não se pode pensar que não haja problemas neste projeto.

② この漫才コンビはおもしろくなくはない。しかし、他にもっとおもしろいコンビがいる。

Não se pode dizer que esta dupla de manzai não seja engraçada. Contudo, há outras duplas mais engraçadas.

③ 彼女の料理はおいしくないことはない。

Não se pode dizer que a comida dela seja ruim.

4-3 Negando claramente uma parte

1）**～のではない**　Nega o conteúdo de「～」.

① A：彼が財布を盗んだのですか。(「誰かが財布を盗んだ」ことは分かっている)

B：いいえ、彼が財布を盗んだのではありません。他の人が盗んだのです。

A: Foi ele quem roubou a carteira? (Aqui, sabe-se que "alguém roubou a carteira".)

B: Não, não foi ele quem roubou a carteira. Foi uma outra pessoa (que roubou).

2）**～はしない**　Expressa que não faz「～」, mas faz algo relacionado a isso.

① その本を買いはしなかったが、おもしろそうだったので、図書館で借りて読んだ。
Não comprei esse livro, mas como parecia ser interessante, peguei-o emprestado na biblioteca e o li.

② 彼女はあまり多くのことを話しはしないが、話し方は上手だ。
Ela não fala muito, mas sabe falar bem.

4-4 Expressando forte negação

1) **〜わけがない**   Nega fortemente o conteúdo de 「〜」. ＝ 〜はずがない (Não é possível que 「〜」.") Em linguagem informal, usa-se, também, 〜っこない．

① こんないい天気なのだから、雨が降るわけがない。
O tempo está tão bom que não é possível que chova.

② ケーキが大好きな洋子さんが、この店のこのケーキのことを知らないわけがない。
Não é possível que a Yoko, que adora bolos, não conheça este bolo desta loja.

③ この問題はかなり難しい。彼女には解けっこないよ。
Esta questão é bastante difícil. Não é possível que ela consiga resolvê-la.

2) **〜ようがない**   ＝ 〜する方法がない (Não ter jeito/meios para 「〜」).

① 断水になると、料理のしようがない。
Se faltar água, não há como preparar comidas.

② 毎日10km歩いて学校に通っている彼はすごいとしか言いようがない。
Não há outro jeito de dizer a não ser que ele é incrível por andar 10 km todos os dias para ir à escola.

3) **〜どころではない**   ＝ 〜の（する）時間的・心理的余裕がない (Não ter disposição em termos de tempo/capacidade mental para (fazer) 「〜」).

① 今日はパーティーの準備で忙しくて、美容院に行くどころではなかった。
Estava tão ocupada com os preparativos para a festa que, hoje, nem pude pensar em ir ao salão de beleza.

② A：今晩一緒にご飯食べない？
   B：ごめんね。明日試験があって、それどころじゃないのよ。
A: Não quer jantar comigo hoje?
B: Desculpe. Tenho exame amanhã, e não tenho nem tempo para pensar em jantar.

4-5 Expressando o sentimento de que esse fato não é tão importante/grande assim

1) **〜にすぎない**   ＝ 〜はたいしたことではない (Tratar-se de um simples 「〜」).

① 私は一人の学生にすぎませんが、一応専門的な知識は持っています。
Não passo de um simples estudante, mas, em princípio, tenho conhecimento especializado.

② 今回明らかになったのは問題全体の一部にすぎない。
Desta vez, simplesmente uma parte de todo o problema ficou esclarecida.

4-6　Indicando a possibilidade

1）**～かねない**　＝　～する危険がある　(Ter risco/perigo de「～」).
　①　今回の首相の発言は外国に誤解を与えかねない。

　　　Há perigo de que a declaração feita pelo primeiro-ministro nesta ocasião cause

　　　mal-entendidos no exterior.
　②　これ以上景気が悪くなると、失業者が大量に生まれかねない。

　　　Se a situação econômica piorar ainda mais, há perigo de que surja um grande número de

　　　desempregados.

2）**～かねる**　Expressa que se deseja fazer「～」, mas não é possível.
　①　彼女の言うことは理解しかねる。

　　　Gostaria, mas é impossível compreender o que ela diz.
　②　ご依頼の件はお引き受けしかねます。

　　　Infelizmente, não podemos aceitar o pedido.

4-7　Indicando fortemente um sentimento

1）**～ずにはいられない／ないではいられない**　Expressa a condição de que vai acabar fazendo「～」de qualquer maneira.
　①　お酒を飲んで楽しくなって、歌を歌わずにはいられなかった。

　　　Fiquei alegre depois de beber e não pude deixar de cantar.
　②　ダイエット中でも、おいしそうなケーキを見ると食べないではいられない。

　　　Mesmo fazendo dieta, quando vejo bolos que parecem gostosos não consigo deixar de comê-los.

2）**～てしょうがない／てしかたがない**　Expressa um sentimento/condição tão forte que não é possível aguentar「～」.
　①　のどが渇いて、水が飲みたくてしょうがなかった。

　　　Fiquei com tanta sede que quis tomar água de qualquer maneira.
　②　冷房が壊れているので、暑くてしかたがない。

　　　Como o condicionador de ar está quebrado, não dá para aguentar de tão quente.

3）**～てならない**　Expressa uma situação em que não pode deixar de ficar com o sentimento/condição de ～. São usados com verbos que expressam um sentimento natural em relação a essa condição.
　①　ふるさとのことが思い出されてならない。

　　　Não posso deixar de pensar na minha terra natal.
　②　彼の言っていることには嘘があるような気がしてならない。

　　　Não consigo deixar de pensar que há mentira no que ele diz.

4) **～ほかない**　Expressa sentimento de que não há outro jeito para resolver, uma vez que não há escolha a não ser「～」.
①　締切りまで時間がないので、とにかく今、分かっていることを論文に書くほかない。
Como não há tempo até o fechamento, não tenho outro jeito a não ser escrever o que sei agora na tese.
②　今は手術が無事に終わることを祈るほかありません。
Agora, não há outra coisa a fazer a não ser rezar para que a cirurgia termine sem problemas.

4-8　Expressando sentimento de dúvida
1) **～かしら**　Expressa o fato de que tem dúvida sobre「～」. É uma forma usada principalmente pelas mulheres.
①　今日は道路が込んでるわね。バス、時間通りに来るかしら。
Hoje, as ruas estão congestionadas, não? Será que o ônibus virá na hora marcada?
②　あれ、財布がない。どこに置いたのかしら。
Ué, não encontro a carteira. Onde será que a deixei?

4-9　Falando-se com base em um determinado julgamento
1) **～からいうと・～からして／からすると／からすれば・～からみると／みれば／みて／みても** ＝ ～という点から考えると、～という点から考えても　(Do ponto de vista de「～」, ou mesmo pensando pelo ângulo de「～」).
①　立地条件からいうと、この家は最高だ。
Do ponto de vista de localização, a condição desta casa é excelente.
②　彼は服装からして、学校の先生には見えない。
Pelo jeito de se vestir, ele não parece professor de escola.
③　子どもの立場からすると学校の週休二日制はいいことだが、親にとってはそうではない。
Vendo pelo ângulo da criança, o sistema de dois feriados por semana é bom, mas, não o é do ponto de vista dos pais.
④　国家的非常事態の際の日本政府の対応は、先進国の基準からみて、かなり劣っていると言える。
Vendo do ponto de vista dos países avançados, pode-se dizer que as providências tomadas pelo governo japonês em caso de situações de emergência nacional são de nível bastante inferior.

4-10　Falando sobre aspectos e modos
1) **～かのようだ** ＝ ～であるように見える／感じられる　(Aparentar/dar a impressão de que é「～」).
①　この辺りの道は複雑で、迷路に入ってしまったかのようだ。

As ruas destas redondezas se cruzam de forma complicada e dão a impressão de que entramos em um labirinto.

② 一面にひまわりの花が咲いていて、その部分が燃えているかのようだ。

As flores dos girassóis cobrem todo o campo e essa parte parece como se estivesse em chamas.

2) **～ものがある**　Expressa que existe algo/fato especial que faz「～」.

① 彼の絵には見る人の心を強く動かすものがある。

A pintura dele tem algo que toca forte os corações das pessoas.

② 2、3歳の子どもの成長の早さには目を見張るものがある。

O desenvolvimento de uma criança de 2 ou 3 anos é um fato que nos assusta.

3) **～一方だ**　Expressa, enfatizando, as condições de que um fato vai se tornando cada vez mais「～」. Em「～」, usa-se a forma de dicionário dos verbos que expressam mudanças.

① 今のライフスタイルを変えないかぎり、ごみは増える一方だ。

A menos que mudemos o estilo de vida, o lixo vai aumentar cada vez mais.

② 経済のグローバル化にともない、企業同士の競争は激しくなる一方である。

Acompanhando a globalização da economia, a competição entre as empresas se torna cada vez mais severa.

4-11 Expressando algo com convicção

1) **～にきまっている**　Expressa que tem certeza de「～」. Contudo, usa-se mesmo que não se tenha um argumento com base.

① 山本さん、得意先からまだ帰ってこないの？　遅いね。

…またどこかでコーヒーでも飲んでるにきまってるよ。

A Sra. Yamamoto ainda não voltou do cliente? Está demorando, não é?

......Com certeza, está tomando café em algum lugar como sempre.

2) **～に相違ない**　＝　～に違いない　Expressa que tem convicção de「～」. Usa-se mesmo sem um argumento básico, mas o sentimento de convicção é mais fraco do que em「～にきまっている」.

① 環境破壊は人間の身勝手な行動の結果に相違ない。

Não há dúvida de que a destruição do meio ambiente seja resultado de atos egoístas do ser humano.

4-12 Indicando o julgamento/avaliação da necessidade/desnecessidade e obrigação

1) **～ことだ**　Indica a avaliação de que para se alcançar um objetivo,「～」é o mais importante.

① 自分が悪かったと思うなら、まず素直に謝ることだ。

Se você pensa que estava errado, em primeiro lugar, deve-se desculpar sem fazer objeções.

② 料理上手になるためには、とにかくおいしいものを食べて味を覚えることだ。
Para aprender a cozinhar bem, deve-se, primeiramente, comer coisas gostosas e conhecer os sabores.

2) ～ことはない　Indica a avaliação de que é desnecessário「～」.
① 今日の試合に負けたからって、がっかりすることはないよ。次で頑張ればいいんだから。
Não precisam se desanimar pelo fato de terem perdido a partida de hoje. Se se esforçarem na próxima oportunidade, está bem.

3) ～必要がある／～必要はない　Indica o julgamento de que é necessário/desnecessário「～」.
① 多くの野菜は水だけではうまく育たない。定期的に肥料を与える必要がある。
A maioria das verduras não cresce bem somente com água. É necessário dar adubo regularmente.
② この時計は太陽電池で動いていますので、電池を交換する必要はありません。
Este relógio funciona a bateria solar, então, não é necessário trocar a pilha.
③ 手術の必要がありますか。
…いいえ、その必要はありません。薬で治療できます。
É necessário fazer cirurgia?
Não, não há essa necessidade. O tratamento pode ser feito com remédios.

4) ～には及ばない　Indica a avaliação de que não é necessário「～」.
① お忙しいでしょうから、わざわざ来ていただくには及びません。
Como deve estar ocupado, não é necessário que o senhor venha especialmente aqui.
② この本は高いので買うには及びません。必要なところをコピーしてください。
Como este livro é caro, não é necessário comprá-lo. Tire cópias das partes necessárias.

4-13　Transmitindo um forte sentimento, sensação

1) ～かぎりだ　Expressa sentimento de que é demasiadamente「～」.
① 渡辺さんは夏休みに夫婦でヨーロッパへでかけるらしい。うらやましいかぎりだ。
Watanabe vai à Europa com sua esposa nas férias de verão. É invejável demais!
② 楽しみにしていた同窓会が地震の影響で中止になってしまった。残念なかぎりだ。
A esperada festa dos ex-colegas foi cancelada por causa do terremoto. É lamentável demais!

2) ～といったらない　Indica o sentimento de que está tão「～」que não pode expressar com palavras.
① 恋人と結婚式を挙げたときの感激といったらなかった。
Estava tão emocionada por ter me casado com meu namorado que não podia expressar os sentimentos com palavras.
② 大勢の人がいるところで転んでしまった。恥ずかしいといったらなかった。
Acabei tropeçando em um lugar onde havia muitas pessoas. Fiquei tão envergonhado que não pude expressar com palavras.

3）**〜ことか**　Usa-se juntamente com どんなに, 何度, etc. indicando forte sentimento de que deseja obter a compreensão do ouvinte sobre 「〜」.
① あなたと再会できる日をどんなに待ったことか。
Não imagina o quanto eu esperava o dia de poder reencontrá-lo.
② 漢字が書けるようになるまでに、何度練習したことか。
Não imagina quantas vezes pratiquei para chegar a poder escrever o "kanji".

4-14　Exigindo uma confirmação/reconhecimento

1）**〜じゃないか**　Fazer o ouvinte perceber 「〜」 chamando-lhe a atenção.
① 太郎、水道の水が出しっぱなしじゃないか。早く止めなさい。
Taro, veja, a torneira está aberta, não está? Feche-a logo.
② 田中さん、顔色が悪いじゃないですか。だいじょうぶですか。
Sr. Tanaka, você está com o rosto pálido, não? Tudo bem?

5. Expressões que indicam um movimento ou um fenômeno dentro do transcorrer do tempo

1）**〜かける**　Expressa o momento um pouco antes de começar a 「〜」. Mas, na maioria das vezes, indica que 「〜」 não foi realizado de fato.
① 電話がかかってきたとき、私は眠りかけていた。
Quando o telefone tocou, eu estava começando a adormecer.
② 彼は何か言いかけたが、何も言わなかった。
Ele começou a dizer algo, mas não disse nada.

2）**〜かけの〜**　＝　すでに少し〜した〜（「〜」já foi meio「〜」), 〜は〜かけだ（「〜」está meio「〜」) ＝ 〜はすでに少し〜している（「〜」já foi um pouco「〜」).
① 机の上に食べかけのリンゴが置いてあった。
Havia uma maçã meio comida sobre a mesa.
② 机の上のリンゴは食べかけだ。
A maçã que está sobre a mesa está meio comida.

3）**〜つつある**　Expressa uma condição que se encontra em meio a uma mudança.
① 池の氷が溶けつつある。
O gelo do lago está derretendo.
② 日本の人口は少しずつ減少しつつある。
A população do Japão está se reduzindo aos poucos.

4）**〜ぬく**　＝　最後まで〜する　(Conseguir 「〜」 até o final).
① 仕事を引き受けたら、最後までやりぬくことが必要だ。
Se você aceitar um trabalho, é necessário fazê-lo até o fim.

② 彼は政治犯として逮捕され、つらい生活を強いられたが、見事にその生活に耐えぬいた。

Ele foi preso como criminoso político e foi obrigado a viver duramente, mas, notavelmente, conseguiu aguentar essa vida.

5) **〜つくす** = 全部〜する (「〜」tudo/todas as coisas).
① 彼女は会社の不満を言いつくして退職した。

Ela saiu da companhia após falar todas as insatisfações que sentia.

② 彼は親が残してくれた800万円を半年で使いつくしてしまった。

Em meio ano, ele acabou gastando os 8 milhões de ienes que seus pais lhe deixaram.

6) **〜ている最中** = ちょうど今〜している (Estar fazendo algo 「〜」justamente nesse momento).
① 今、旅行の準備をしている最中だ。

Estamos justamente fazendo os preparativos para a viagem.

② 晩ご飯を作っている最中に彼女から電話がかかってきた。

Ela me telefonou justamente quando eu estava preparando o jantar.

文法担当　Gramática
　庵功雄（Isao Iori）　　高梨信乃（Shino Takanashi）　　中西久実子（Kumiko Nakanishi）
　前田直子（Naoko Maeda）

執筆協力　Colaboração
　亀山稔史（Toshifumi Kameyama）　澤田幸子（Sachiko Sawada）　新内康子（Koko Shin'uchi）
　関正昭（Masaaki Seki）　　　　　田中よね（Yone Tanaka）　　　鶴尾能子（Yoshiko Tsuruo）
　藤嵜政子（Masako Fujisaki）　　　牧野昭子（Akiko Makino）　　　茂木真理（Mari Motegi）

編集協力　Assessora editorial
　石沢弘子（Hiroko Ishizawa）

ポルトガル語翻訳　Tradução
　AZ Support Co., Ltd.

イラスト　Ilustração
　佐藤夏枝（Natsue Sato）

本文レイアウト　Leiaute do texto
　山田武（Takeshi Yamada）

編集担当　Edição
　井上隆朗（Takao Inoue）

みんなの日本語　中級Ⅱ
翻訳・文法解説　ポルトガル語版

2013年5月10日　初版第1刷発行

編著者　株式会社　スリーエーネットワーク
発行者　小林卓爾
発　行　株式会社　スリーエーネットワーク
　　　　〒102-0083　東京都千代田区麹町3丁目4番
　　　　　　　　　　トラスティ麹町ビル2F
　　　　電話　営業　03（5275）2722
　　　　　　　編集　03（5275）2726
　　　　http://www.3anet.co.jp/
印　刷　倉敷印刷株式会社

ISBN978-4-88319-618-0　C0081
落丁・乱丁本はお取り替えいたします。
本書の全部または一部を無断で複写複製（コピー）することは著作権法上
での例外を除き、禁じられています。

みんなの日本語シリーズ

価格は税込みです

みんなの日本語 初級I 第2版
- 本冊（CD付） ……………………………………… 2,625円
- 本冊 ローマ字版（CD付） ………………………… 2,625円
- 翻訳・文法解説 英語版 …………………………… 2,100円
- 翻訳・文法解説 ローマ字版【英語】 ……………… 2,100円
- 翻訳・文法解説 中国語版 ………………………… 2,100円
- 翻訳・文法解説 ドイツ語版 ……………………… 2,100円
- 翻訳・文法解説 スペイン語版 …………………… 2,100円
- 翻訳・文法解説 ポルトガル語版 ………………… 2,100円
- 翻訳・文法解説 ベトナム語版 …………………… 2,100円
- 翻訳・文法解説 イタリア語版 …………………… 2,100円
- 標準問題集 …………………………………………… 945円
- 漢字練習帳 …………………………………………… 945円
- 書いて覚える文型練習帳 ………………………… 1,365円
- 導入・練習イラスト集 …………………………… 2,310円
- 絵教材CD-ROMブック …………………………… 3,150円

みんなの日本語 初級II 第2版
- 本冊（CD付） ……………………………………… 2,625円

みんなの日本語 中級I
- 本冊（CD付） ……………………………………… 2,940円
- 翻訳・文法解説 英語版 …………………………… 1,680円
- 翻訳・文法解説 中国語版 ………………………… 1,680円
- 翻訳・文法解説 韓国語版 ………………………… 1,680円
- 翻訳・文法解説 ドイツ語版 ……………………… 1,680円
- 翻訳・文法解説 スペイン語版 …………………… 1,680円
- 翻訳・文法解説 ポルトガル語版 ………………… 1,680円
- 翻訳・文法解説 フランス語版 …………………… 1,680円
- 教え方の手引き …………………………………… 2,625円
- 標準問題集 …………………………………………… 945円

みんなの日本語 中級II
- 本冊（CD付） ……………………………………… 2,940円
- 翻訳・文法解説 英語版 …………………………… 1,890円
- 翻訳・文法解説 中国語版 ………………………… 1,890円

スリーエーネットワーク

ホームページで新刊や日本語セミナーをご案内しております。
http://www.3anet.co.jp/